일상 여행 영어

여행 영어를 위한 워밍업

출입국

숙 박

식 사

교 통

관 광

쇼 핑

방문 · 전화 · 우편

트러블

귀 국

Travel   English

Common Expressions

영어를 조금이라도 알면 낯선 해외에서의 여행은 더욱 즐겁습니다. 영어로 인사말 정도만 알아도 상대는 미소를 띠며 대화에 응해줄 것입니다. 우선 여행을 가기 전에 여기에 있는 짧고 간단한 영어 표현을 반드시 암기해 두십시오. 그리고 용기를 내어 말을 걸어 보십시오. 분명 해외여행은 한층 멋진 추억을 당신에게 만들어 줄 것입니다.

안녕하세요. -아침-	Good morning. 굿 모닝
안녕하세요. -낮-	Good afternoon. 굿 앱터눈
안녕하세요. -밤-	Good evening. 굿 이브닝
안녕히 가(계)세요.	Good bye. / Bye. 굿바이 / 바이
안녕히 주무세요.	Good night. 굿 나잇
또 만납시다.	See you again. 씨 유 어게인
감사합니다.	Thank you. 땡큐

한국어	영어
천만에요.	You are welcome. 유어 웰컴
예. / 아니오.	Yes. / No. 예스 / 노
미안합니다.	I'm sorry. 아임 쏘리
실례합니다.	Excuse me. 익스큐즈 미
처음 뵙겠습니다.	Nice to meet you. 나이스 투 미츄
저는 한국사람입니다.	I'm Korean. 아임 코리언
영어를 못합니다.	I can't speak English. 아이 캔트 스픽 잉글리쉬
이걸 주세요.	I'll take this one. 아일 테익 디쓰 원
~은 어디입니까?	Where is ~? 웨어리즈~
얼마입니까?	How much? 하우 머취

현지에서 바로바로 활용하는

일상 여행 영어

저 자 이국호
발행인 고본화
발 행 반석출판사
2023년 7월 15일 개정 6쇄 인쇄
2023년 7월 20일 개정 6쇄 발행
홈페이지 www.bansok.co.kr
이메일 bansok@bansok.co.kr
블로그 blog.naver.com/bansokbooks

07547 서울시 강서구 양천로 583. B동 1007호
(서울시 강서구 염창동 240-21번지 우림블루나인 비즈니스센터 B동 1007호)
대표전화 02) 2093-3399 **팩 스** 02) 2093-3393
출 판 부 02) 2093-3395 **영업부** 02) 2093-3396
등록번호 제315-2008-000033호

Copyright ⓒ 이국호

ISBN 978-89-7172-802-4 (13740)

- 교재 관련 문의: bansok@bansok.co.kr을 이용해 주시기 바랍니다.
- 이 책에 게재된 내용의 일부 또는 전체를 무단으로 복제 및 발췌하는 것을 금합니다.
- 파본 및 잘못된 제품은 구입처에서 교환해 드립니다.

일상
여행
영어

이국호 지음

Bansok

머리말

단체로 해외여행을 가면 현지 사정에 밝은 가이드가 안내와 통역을 해주기 때문에 말이 통하지 않아 생기는 불편함은 그다지 크지 않을 수도 있습니다. 하지만, 외국인을 직접 만나서 대화를 하거나 물건을 구입할 때 등의 경우에서는 회화가 절대적으로 필요하며, 여행지에서의 자유로운 의사소통은 한층 여행을 즐겁고 보람차게 해줄 것입니다.

이 책은 여행자의 필수휴대품이 될 수 있도록 크게 두 가지로 분류하였습니다.

여행 영어를 위한 워밍업: 여행지에서 빈번하게 쓸 수 있는 표현으로 영어 발음에서 인사, 응답, 질문, 감사, 사과 표현 등으로 꾸며져 있으며, 해외여행자라면 반드시 익혀두어야 할 기본회화입니다.

장면별 회화: 출입국부터 숙박, 식사, 교통, 관광, 쇼핑, 방문·전화·우편, 트러블, 귀국 순으로 여행자가 부딪칠 수 있는 9가지 장면을 여행 순서에 맞게 설정하였습니다.

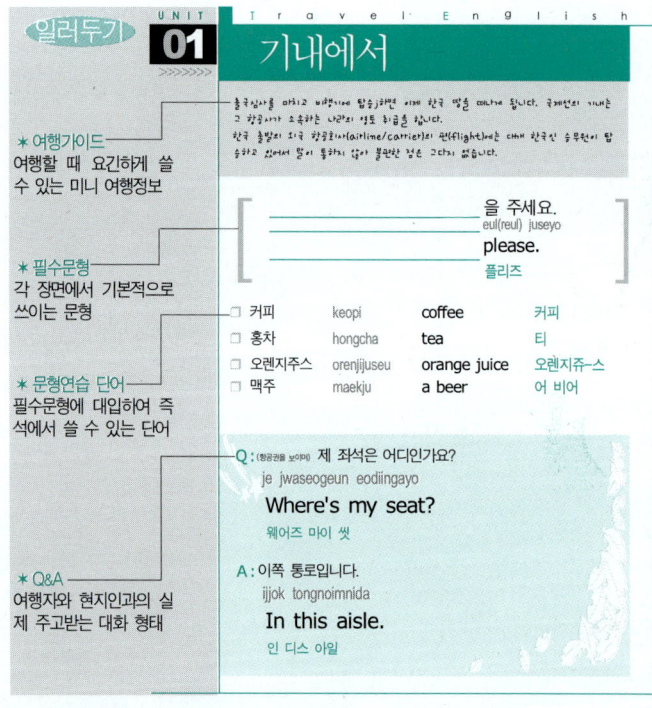

일러두기

* **여행가이드**
  여행할 때 요긴하게 쓸 수 있는 미니 여행정보

* **필수문형**
  각 장면에서 기본적으로 쓰이는 문형

* **문형연습 단어**
  필수문형에 대입하여 즉석에서 쓸 수 있는 단어

* **Q&A**
  여행자와 현지인과의 실제 주고받는 대화 형태

6

① 해외로 여행, 출장, 방문을 할 때 현지에서 유용하게 사용할 수 있도록 간단한 회화만을 엄선하여 사전식으로 구성하였습니다.

② 영어를 잘 모르더라도 즉석에서 활용이 가능하도록 우리말을 먼저 두고 발음은 가능한 원음에 충실하도록 한글로 표기하였습니다.

③ 외국인이 한국에 와서 여행할 때 이 책을 유용하게 활용할 수 있을 뿐만 아니라 기회가 생길 때 해외에서 현지인에게 우리말을 가르쳐줄 수 있도록 한글 발음을 로마자로 표기하였습니다.

④ 각 장면별로 현지에서 필요한 여행정보를 두어 여행가이드의 역할을 충분히 할 수 있도록 배려하였습니다.

✈ 좌석을 찾을 때

□ (탑승권을 보이며) 12B 좌석은 어디입니까?
12B jwaseogeun eodiimnikka
Where is seat 12(twelve) B?
웨어리즈 씻 트웰브 비

□ 여기는 제 자리인데요.
yeogineun je jariindeyo
I think this is my seat.
아이 씽크 디씨즈 마이 씻

□ 여기에 앉아도 되겠습니까?
yeogie anjado doegetseumnikka
Can I seat here?
캔아이 씻 히어
*일반적으로 Excuse me. Is this seat taken?라고 표현한다.

□ (옆 사람에게) 자리를 바꿔 주시겠습니까?
jarireul bakkwo jusigetseumnikka
Could I change seats?
쿠다이 체인쥐 씻츠

□ 저기 빈자리로 옮겨도 되겠습니까?
jeogi binjariro omgyeodo doegetseumnikka
Could I move to an empty seat over there?
쿠다이 무브 투 언 앰티 씻 오버 데어

□ 잠깐 지나가도 될까요?
jamkkan jinagado doelkkayo
May I go through?
메이아이 고 쓰루

★ 사전식 우리말
사전처럼 찾아볼 수 있도록 우리말을 먼저 둠

★ 로마자 표기
한글을 로마자로 표기하여 외국인은 물론 한국인도 활용이 가능함

출입국 / 기내에서

★ 찾아보기
여행 장면의 대분류와 소분류를 두어 쉽게 찾아볼 수 있음

★ 기본회화
각 장면에서 기본적으로 부딪힐 수 있는 회화

★ 발음표기
정확한 영어 발음을 한글로 표기하여 누구나 즉석에서 활용이 가능

Contents

Part 1　여행 영어를 위한 워밍업　19

01. 인사의 표현 ········· 26
02. 감사의 표현 ········· 28
03. 사과의 표현 ········· 30
04. 응답의 표현 ········· 32
05. 되물음의 표현 ········· 34
06. 구체적인 질문 표현 ········· 36
07. 장소에 관한 표현 ········· 38
08. 정도의 표현 ········· 40
09. 유무에 관한 표현 ········· 42
10. 의뢰에 관한 표현 ········· 44
11. 허락에 관한 표현 ········· 46
12. 긴급상황시의 표현 ········· 48

Part 2　출입국　55

01. 기내에서 ········· 58
   좌석을 찾을 때 59 | 기내 서비스를 받을 때 60
   기내식을 할 때 61 | 입국카드 작성과 면세품을 구입할 때 62
   몸이 불편하거나 궁금한 사항을 물을 때 63
02. 통과·환승 ········· 66
   공항에서 67
03. 입국심사 ········· 68
   방문목적을 물을 때 69 | 체재 장소와 일정을 물을 때 69
   기타 질문 사항 70
04. 세관검사 ········· 72
   짐을 찾을 때 73 | 세관검사를 받을 때 74
05. 공항에서 ········· 76
   환전을 할 때 77 | 관광안내소에서 78 | 호텔을 찾을 때 79
06. 시내로 이동 ········· 80
   포터 81 | 택시 82 | 버스 83

Part 3　숙박　85

01. 호텔 예약 ········· 88
   안내소에서 89 | 전화로 예약할 때 90
02. 호텔 체크인 ········· 94
   프런트에서 체크인할 때 95 | 체크인 트러블 99

03. 룸서비스 ········· 100
룸서비스를 부탁할 때 101 | 여러 가지 룸서비스 102

04. 호텔시설 이용하기 ········· 104
시설물을 물을 때 105 | 세탁 107 | 미용실에서 108
이발소에서 109

05. 호텔에서의 전화·우편 ········· 110
전화를 이용할 때 111 | 편지를 보낼 때 113

06. 호텔에서의 트러블 ········· 114
방에 들어갈 수 없을 때 115 | 방을 바꿔달라고 할 때 116
수리를 원할 때 116 | 청소·비품이 없을 때 117

07. 체크아웃 ········· 118
체크아웃을 준비할 때 119 | 체크아웃 120 | 계산을 할 때 121

Part 4 식 사 123

01. 식당 찾기·예약하기 ········· 126
식당을 찾을 때 127 | 식당 예약할 때 130

02. 식사 주문 ········· 132
자리에 앉을 때까지 133 | 메뉴를 볼 때 134 | 주문할 때 135

03. 식사를 하면서 ········· 140
먹는 법·재료를 물을 때 141 | 필요한 것을 부탁할 때 141
디저트·식사를 마칠 때 143

04. 술집에서 ········· 144
술을 주문할 때 145 | 술을 마실 때 147

05. 식당에서의 트러블 ········· 148
요리가 늦게 나올 때 149 | 주문을 취소하거나 바꿀 때 150
요리에 문제가 있을 때 151

06. 패스트푸드점에서 ········· 152
패스트푸드를 주문할 때 153 | 주문할 마칠 때 155

07. 식비·술값 계산 ········· 158
지불방법을 말할 때 159 | 계산할 때 160

Part 5 교 통 163

01. 길을 물을 때 ········· 166
길을 물을 때 167 | 길을 잃었을 때 170 | 길을 물어올 때 171

02. 택시를 이용할 때 ········· 172
택시를 잡을 때 173 | 택시를 탈 때 173 | 택시에서 내릴 때 175

03. 버스를 이용할 때 ········· 176
시내버스 177 | 시외버스 178 | 관광버스 179

04. 지하철을 이용할 때 ········· 180
지하철역에서 181 | 지하철을 탔을 때 182

05. 열차를 이용할 때 · · · · · · 184
표를 구입할 때 185 | 열차를 탈 때 186 | 열차 안에서 187
문제가 생겼을 때 189

06. 비행기를 이용할 때 · · · · · · 190
항공권 예약 191 | 체크인과 탑승 192

07. 렌터카를 이용할 때 · · · · · · 196
렌터카를 이용할 때 197 | 차종을 고를 때 198
렌터카 요금과 보험 199

08. 차를 운전할 때 · · · · · · 200
차를 운전할 때 201 | 주유·주차할 때 202 | 차 트러블 203

Part 6 관 광 205

01. 관광안내소에서 · · · · · · 208
관광안내소에서 209 | 거리·시간 등을 물을 때 211
투어를 이용할 때 212

02. 관광지에서 · · · · · · 214
관광버스 안에서 215 | 관광을 하면서 216 | 기념품점에서 217

03. 관람을 할 때 · · · · · · 218
입장료를 구입할 때 219 | 미술관에서 220 | 박물관에서 221
극장에서 222 | 콘서트·뮤지컬 223

04. 사진을 찍을 때 · · · · · · 224
사진촬영을 허락받을 때 225 | 사진촬영을 부탁할 때 226
필름가게에서 227

05. 오락을 즐길 때 · · · · · · 228
나이트클럽에서 229 | 디스코텍에서 230 | 카지노에서 231

06. 스포츠를 즐길 때 · · · · · · 232
스포츠를 관전할 때 233 | 골프·테니스 234 | 스키·크루징 235

Part 7 쇼 핑 237

01. 가게를 찾을 때 · · · · · · 240
쇼핑센터를 찾을 때 241 | 가게를 찾을 때 242
가게로 가고자 할 때 243

02. 물건을 찾을 때 · · · · · · 246
가게에 들어서서 247 | 물건을 찾을 때 247
구체적으로 찾는 물건을 말할 때 249

03. 물건을 고를 때 · · · · · · 250
물건을 보고 싶을 때 251 | 색상을 고를 때 252
디자인을 고를 때 253 | 사이즈를 고를 때 254
품질에 대한 질문 255

04. 백화점·면세점에서 · · · · · · 260
매장을 찾을 때 261 | 물건을 고를 때 262 | 면세점에서 263

05. 물건값을 계산할 때 264
가격을 물을 때 265 | 가격을 깎을 때 266
구입 결정과 지불 방법 267

06. 포장·배송을 원할 때 268
포장을 부탁할 때 269 | 배달을 원할 때 270 | 배송을 원할 때 271

07. 물건에 대한 클레임 272
구입한 물건을 교환할 때 273 | 구입한 물건을 반품할 때 274
환불·배달사고 275

Part 8 방문·전화·우편   277

01. 방문할 때 280
함께 식사하기를 권유할 때 281 | 초대에 응하거나 거절할 때 282
초대받아 방문할 때 283

02. 전화를 이용할 때 284
공중전화를 이용할 때 285 | 전화를 걸 때 286 | 전화를 받을 때 287

03. 우편을 이용할 때 288
우체국에서 289 | 편지를 보낼 때 290 | 소포를 보낼 때 291

Part 9 트러블   293

01. 말이 통하지 않을 때 296
영어의 이해 297 | 통역·한국어 298 | 영어를 못 알아들을 때 299

02. 난처할 때 300
난처할 때 301 | 상황이 위급할 때 302

03. 분실·도난을 당했을 때 304
분실했을 때 305 | 도난당했을 때 306 | 경찰서에서 307

04. 사고를 당했을 때 308
교통사고를 당했을 때 309 | 교통사고·교통위반을 했을 때 310
사고경위를 진술할 때 311

05. 몸이 아플 때 314
병원에 갈 때 315 | 몸에 이상이 있을 때 316
증상을 설명할 때 317 | 진료를 마치면서 319

Part 10 귀 국   321

01. 예약변경·예약 재확인 324
귀국편 예약 325 | 예약 재확인 326
예약의 변경과 취소를 할 때 327

02. 탑승과 출국 328
공항으로 갈 때 329 | 물건을 두고 출발했을 때 330
탑승수속을 할 때 331 | 수화물을 체크할 때 332 | 탑승안내 333
공항면세점에서 334 | 귀국 비행기 안에서 335

Travel Information

해외여행 준비

해외로 여행을 하려면 무엇보다 사전에 준비가 철저해야 한다. 출국에 앞서 가장 기본적인 준비는, 여권 만들기(구여권) ➡ 방문국의 비자취득(비자면제 국가는 제외) ➡ 각종 여행정보 수집 ➡ 국제운전면허증 등 각종 증명서 만들기 ➡ 출국 교통편 정하기 ➡ 숙박 예약 ➡ 환전 및 여행에 필요한 짐 챙기기 등이 있다. 물론 이러한 준비는 여행사를 통해서 간편하게 할 수 있다.

✈ 여권 만들기

여권은 외국에 여행하는 사람의 신분과 국적을 증명하는 서류로 외무부 여권과나 시청, 도청에서 발급 받는다. 일반, 외교관, 관용여권으로 구분된다. 일반여권은 복수여권, 단수여권, 거주여권으로 나뉘며 일반 관광객은 유효기간 5년의 일반 복수여권을 발급 받는다. 여권신청은 개인이 직접 하거나 여행사에서 대행해준다.

◇ 구비 서류 : 주민등록등본 1부, 사진 3매(3개월 이내), 주민등록증 또는 운전면허증(사본이 아닌 원본), 호주의 주민등록번호
  – 해외여행이 처음인 30세 미만 남자 : 공항이나 부두에서 국외여행신고서 작성
  – 18세 이하 : 여권발급 동의서(보호자 인감도장 날인), 인감증명서(여권발급 동의용)

◇ 발급 비용 : 5년 45,000원 / 1년 15,000원 / 연장 5,000원

◇ 발급 소요기간 : 7일

◇ 유효 기간 : 복수여권 5년, 단수여권 1년

◇ 대행 기관 : 시간이 없거나 편리하게 처리하고 싶다면 준비 서류를 여행사를 통해 대행을 받으면 된다.

◇ 발급기관(본인이 직접 만들 경우)

- 서울 : 종로구청, 서초구청, 영등포구청, 노원구청
- 지방 : 각 시청, 도청 여권과(관용여권은 외무부 여권과)

만 8세 미만의 경우는 성인과 같이 단독으로 여권을 만들 수도 있고, 동반자 여권을 만들 수도 있다. 동반자 여권의 경우 보호자의 여권에 함께 포함되게 된다. 그러나 동반자 여권이라 하더라도 비자는 따로 받아야 한다. 필요한 서류는 일반여권을 만들 때와 같다.

✧ 여권 기간연장

여권의 유효기간이 3개월이 남았거나 유효기간이 지난 지가 6개월 미만이라면 새로 만들지 말고 기간연장을 하면 된다. 서류는 새로 만드는 것과 같으며 비용은 5000원이 든다.

✈ 미국관광 비자 구비서류

✧ 본인이나 보증인이 재직자인 경우

- 재직 증명서
- 소득금액 증명원(세무서 발행) *매년 5, 6월에 전년도 증명원 발급
- 각종 근로소득에 대한 소득세 원천징수 확인서 또는 급여 명세서(최근1년)
- 은행 통장 사본(급여 이체 통장)
- 주민등록등본과 호적등본(보증인과의 관계를 증명하는 서류)
- 명함, 사원증 사본, 공무원증 사본
- 의료 보험증 사본

✧ 본인이나 보증인이 사업자인 경우

- 사업자 등록증 사본 또는 사업자 등록 증명원(세무서 발행)
- 소득금액 증명원(세무서 발행) – 매년 5, 6월에 전년도 증명원 발급
- 납세사실 증명원(세무서 발행)
- 주거래 은행 통장(급여이체 통장이 마이너스이면 잔고 있는 통장 추가 첨부)

- 주민등록등본과 호적등본(보증인과의 관계를 증명하는 서류)
- 의료보험증 사본

◇ 본인이나 보증인이 농, 축, 수산업 종사자인 경우

- 조합원 증명서(농, 축, 수협에서 발행)
- 소득금액 증명(소득신고를 하는 사람들)
- 추곡수매대장 혹은 경매, 매입, 매출 자료
- 농지 원부 및 토지대장
- 은행거래통장(주 거래통장, 적금통장, 통장 잔고가 많을수록 유리)
- 주민등록등본과 호적등본(보증인과의 관계를 증명하는 서류)
- 지방세 납부증명서 및 소득증명서(해당자에 한함)

◇ 본인이나 보증인이 프리랜서(보험, 학원강사, 대학시간 강사 등)인 경우

- 재직증명서(회사자체발행, 회사 레터지에 작성)
- 판매실적보고서
- 수당지급내역서
- 자격증, 경력증명서, 허가증 등 자격관련증명서
- 은행거래통장(잔고가 많을수록 유리)
- 주민등록등본과 호적등본(보증인과의 관계를 증명하는 서류)
- 지방세 납부증명서 및 소득증명서(해당자에 한함)

◇ 기타 준비서류

- 학생일 경우 재학증명서와 성적증명서
- 출장시에는 출장 증명서
- 군 복무로 인해 휴학 중인 학생은 병역에 관한 서류 첨부(병적 증명서)
- 다음 학기에 졸업 예정자는 졸업 후 영문 진로 계획서나 대학원 입학 예정서류 첨부
- 재정이 약할 때 재산세 납부증명서
- 직장을 옮기신 분은 경력증명서(전 직장 발행) 첨부
- 정년퇴직한 사람은 연금 증서 및 경력증명서 첨부

─ 부모나 다른 보증인이 비자가 있으면 비자 사본 첨부
─ 과거에 비자를 받은 경험이 있으면 비자 사본 첨부

◇ 사진 규격

비이민 비자를 신청할 때에는 반드시 규격에 맞는 사진을 비이민 비자 신청서(DS-156)에 붙여야 한다.

사진의 뒤 배경은 반드시 하얀색이며 테두리가 없을 것(뒤 배경에 색깔이 들어가 있거나 무늬가 있으면 안 된다.)

최근 6개월 이내에 찍은 것

신청자의 얼굴이 정면을 향하고 있어야 하며, 아래나 위를 보고 있는 얼굴 사진은 안 된다. 얼굴은 사진 정중앙에 위치해야 하며, 신청자의 양 귀가 보여야 한다.

사진 크기는 정사각형(가로 세로 각 50mm). 신청자의 얼굴 길이는(머리 제일 윗부분에서 턱까지) 25mm에서 35mm 사이. 신청자의 눈은 사진 밑단으로부터 28mm 에서 35mm 사이의 높이에 위치하고 있어야 한다.

✈ 환 전

출국하기 전에 미리 은행이나 공항의 환전소에서 중국 달러나 유로화로 바꾸는 게 좋다. 고액을 바꾼다면 분실했을 때도 안전한 여행자수표를 준비하는 게 좋고 액면가는 고액보다 소액으로 마련하는 것이 사용하기 편리하며 달러로 바꾼 후 유로화로 환전을 해도 되지만 환전수수료를 손해본다. 여행자수표의 환전수수료가 현금보다 유리하다.

✈ 항공권

여행사에서 단체로 가는 경우에는 문제가 없으나 개인 출발이라면 출발 3일 (72시간) 전에 반드시 예약을 재확인해야 한다. 개인적으로 출발할 때 항공권의 가격은 회사별로 차이가 많이 나며 해외여행 전문 여행사를 이용하고 직항 노선보다 경유노선을 취항하는 항공편의 가격이 훨씬 저렴하다. 요즈음은 비즈니스맨을 위하여 비즈니스호텔과 조식을 왕복 항공권에 포함한 비즈니스상품을 팔고 있는 여행사가 많다.

✈ 증명서 준비

◇ 국제학생증
학생의 신분이라면 전세계 어디에서나 통용되는 국제학생여행연맹이 발급하는 국제학생증을 미리 받아둔다. 신청서류는 학생증사본, 반명함판 사진 1매, 소정의 양식을 갖춘 신청서와 수수료이다.
발급은 국제학생여행사(02-733-9494)이며, 유효기간은 1년이다.
http://www.isic.co.kr

◇ 국제운전면허증
여행지에서 직접 운전을 하고 싶을 때는 국제운전면허증을 준비해야 한다. 신청할 때는 관할 운전면허시험장에 신청하며, 여권, 운전면허증, 주민등록증, 사진 1매, 수수료(5,000원)가 필요하다.

✈ 해외여행보험

여행 도중 갑작스럽게 일어날 수 있는 사고에 대비하여 가입해 두는 보험이다. 보험료도 저렴하고 가입절차도 간편하므로 여행을 떠나기 전에 반드시 가입하는 것이 좋다. 보험금은 여행기간과 보상금액에 따라 차이가 나며, 20명 이상 단체로 여행할 때는 보험료를 할인해 주기도 한다. 공항에 있는 보험사에 출발 전에 가입해도 되지만, 미리 가입하면 집을 떠날 때부터 귀국하여 집에 도착할 때까지 적용된다.

✈ 신용카드

신용사회는 대금지불 목적 외에도 신분증명서의 역할도 겸하므로 해외에 나갈 때는 가지고 간다. 신용카드의 해외사용 한도액은 $5,000이다. 대금의 지불은 사용 후 2개월 이내에 지정은행의 예금계좌에서 원으로 환산되어 지출된다.

✈ 여행가방과 짐 꾸리기

여권과 항공권·현금·신용카드·필기도구와 각종 서류는 빠뜨리지 않고 챙겨, 작은 가방 등에 넣어 몸에 지닐 수 있도록 한다. 그리고 세면도구와 속옷류·신발은 서로 뒤섞이지 않도록 입구를 봉할 수 있는 비닐봉지를 따로 싸서 넣는다. 비행기 화물 짐의 무게는 20㎏이고, 비행기 내에 반입할 수 있는 가방과 짐은 가로·세로·높이의 합계가 115㎝ 이내다.

여행 준비물

PART 1

여행 영어를 위한 워밍업

인사의 표현
감사의 표현
사과의 표현
응답의 표현
되물음의 표현
구체적인 질문 표현
장소에 관한 표현
정도의 표현
유무에 관한 표현
의뢰에 관한 표현
허락에 관한 표현
긴급상황시의 표현

English Pronunciation

영어의 발음 규칙

발음을 익히는 것부터가 여행의 시작이다.
해외여행을 하기 전에 먼저 귀를 뻥 뚫어 놓고, 혀가 확 꼬부라지도록 하자. 영어 발음은 한국어의 발음체계와 달라 알아듣기도 힘들지만 대답하기도 결코 쉽지가 않다. 여행은 그다지 격식이 필요 없으므로 꼭 필요한 단어로도 의사소통이 되며, 몸짓, 발짓 따위의 제스처로도 가능하다. 그러나 적어도 발음만큼은 어느 정도 극복해야 즐거운 여행이 될 수 있을 것이다. 영어와 우리말의 가장 큰 차이점은 어순(語順)에 있다는 사실을 잊지 말고 발음이 통해야 의사소통이 된다는 것을 명심해야만 한다.

❶ 악센트

누구나 「영어의 악센트(accent)는 항상 모음에 온다」는 사실을 알고 있을 것이며, 또한 「모음(vowel sound)의 음운변화」에 의해 나타나는 리듬, 인토네이션, 음의 변화현상, 음의 축약현상 따위에 유의해야 한다.

- 내용어(강형) : 명사, 동사, 형용사, 부사, 의문사, 수사, 감탄사 등
- 기능어(약형) : be동사, 조동사, 전치사, 인칭 대명사, 관사, 접속사, 관계사 등

❷ 리듬

영어의 리듬은 앞에서 제시한 내용어와 기능어의 차이에 의해 강약이 다르게 나타나므로 대체로 자신이 강조해야 하는 내용어에는 강하고 분명하게 발음하며, 문법적 요소로 등장하는 기능어는 다소 빠르고 약하게(짧게) 발음하면 된다.

영어 리듬을 마스터하는 포인트를 정리해 보자.

① 강약을 분명하게 구분하라
  강의 부분은 두드러지게 발음하여 강약의 차이를 둔다.

② 스피드를 컨트롤하라
  얘기 중에 빨리 지나칠 부분은 빨리 발음하고, 천천히 얘기할 곳은 쉬듯이 얘기한다. 절대로 전부 빨리 말하려고 하면 안 된다.

③ 약형(弱形)의 발음을 억제하라
  자기 마음대로 모호하게 발음하는 것이 아니라 강형의 정확한 발음을 익혀 둔다.

❸ 스피드

한국인에게 가장 약한 부분이 바로 발음인데 네이티브의 발음속도에 어느 정도 적응하느냐?가 문제이다. 발음에 있어서 스피드의 변화를 가져오는 주된 요인으로는 강세와 리듬을 꼽을 수 있는데 그것보다도 강세 사이의 약음이 많을수록 그곳의 발음이 약해지고, 또한 스피드도 빨라짐으로써 우리가 네이티브의 발음을 알아듣기 힘들게 된다.

대부분의 기능어가 약음화되어 불분명하고 애매모호한 음으로 들리게 되므로 약형으로 처리되는 곳에서의 발음 현상에 얼마나 빨리 적응할 것이며, 또한 이에 대한 대처 능력을 기를 것인가?가 관건이다.

❹ 발음 규칙

영어 발음은 크게 음의 변화 현상, 약음화 현상, 축약 현상으로 대별되는데 발음 규칙은 억양(인토네이션; intonation)에 의한 생동감 있는 리듬에 초점을 두어야 한다.

① 리듬
영어는 강약의 차이와 더불어 어휘를 서로 붙여 말하므로 영어 특유의 리듬이 생긴다.

- He told me that there was an accident.
  (히 톨드 미 댓 데어뤄즈 언 액씨던트)

② 인토네이션(억양)
영어는 인토네이션 언어라고 불리며, 한국어에는 없는 복잡한 인토네이션이 사용된다.

- Yes.(↘) Yes.(↗) Yes.(↘↗) Yes.(↗↘) *Ya!
- No.(↘) No.(↗) No.(↘↗) No.(↗↘) *Nope!
- Please!(↘) Please!(↗) Please!(↗↘) Please!(↘↗)

* 이러한 표현은 상황에 따라 달리 표현되며, 또한 억양에 의해 의미가 달라진다.

③ 연음
단어가 서로 매끄럽게 연결되려는 현상이다.
- Will you <u>top it up</u>? [타피럽]

④ 동화
모음 사이에 자음이 올 경우 음이 달라지는 현상이다.
- Nice to <u>meet you</u>. [미츄]

⑤ 단축형
is, has, will, not 등이 다른 단어에 대하여 단축형이 되는 경우 음이 달라진다.

- I knew <u>you'd</u> come. [you had / would]

⑥ 파열음의 소실
파열음이 있어도 실제로는 파열이 일어나지 않는 경우가 있다.
- They all <u>kept quiet</u>. [켑 콰이엇]

⑦ 음의 탈락(축약/생략)
모음이나 자음의 발음이 발음의 편리성에 의해 생략되거나 탈락하는 현상이 나타난다.
- camera [캐머러] / next week [넥스윅]

⑧ 자음의 중첩
한국어와 달리 모음이 들어가지 않고 자음만 연결되는 경우가 많다.
- The child is clever.

⑨ 모음·자음의 발음
구별하기 어려운 발음이 있다.
- heart [하트] / hurt [헛]
- bees [비즈] / beads [비(ㄷ)즈]
- fly [플라이] / fry [프라이]

세계 각국의 영어

English World

❏ 각국의 영어

영어를 표준어, 혹은 공통어로 사용하고 있는 나라는 영국, 미국 등으로 세계 각국에서 가장 많이 사용되고 있다. 따라서 영어는 나라마다 특징이 있으며, 발음이나 억양 등에 미묘한 차이가 있다.

여기서는 이러한 차이점을 크게 6개로 나눠 설명한다. 미국인이 호주에 가서 영어가 통하지 않는 경우도 드물게 있으므로 나라나 지역에 따른 영어의 특징을 알아두는 것이 여행에 다소 도움을 주리라 생각한다. 이 책은 미국 영어를 기본으로 하였음을 일러둔다.

❏ 미국 영어

미국에서 사용하는 영어는 크게 5가지로 분류한다. ①New England(뉴잉글랜드 지방), ②Inland Northern(뉴욕 주에서 몬태나 주 등 북부 48개 주), ③North Midland(뉴저지 주 중서부, 로키 산맥, 서해안), ④South Midland(웨스트버지니아 주, 켄터키 주, 텍사스 주 일부), ⑤Southern(버지니아 주부터 미국 동남부 주, 텍사스 주 일부).

이 중에서도 ③번의 North Midland의 영어가 미국 영어로 가장 널리 알려져 있기 때문에 영화나 텔레비전 등은 이것을 표준어로 하고 있다.

❏ 영국 영어

역사가 긴만큼 영어의 종류(방언)도 수없이 많다. 보통 회화에서는 Cockney(런던 서민층 방언)이나 Scots(스코틀랜드 서민층 방언) 등, 지금도 방언의 색채가 많이 남아 있다.

텔레비전이나 라디오 등 매스컴, 공립학교 등에서는 Queen's English 또는 King's English라고 불리는 표준어가 쓰이고 있다. 이것은 캠브리지 대학이나 옥스퍼드 대학 등에서 고등 교육을 받은 엘리트 교양인의 증거인 잉글랜드 남부 표준어이다. 상류 계층의 영어(posh English)라고도 불리는 영국 영어는 입술을 둥글게 오므리는(rounded) 것과 빠른 말투가 특징이다. 단어에서는 감동했을 때 미국에서는 wonderful을 빈번히 쓰지만, 영국에서는 lovely를 사용한다. 또한 의미를 강하게 하는 very를 bloody라고 한다.

❏ 호주 영어

호주 영어는 Aussie English라고 불리며, 「a」를 「아이」로 발음하는 것이 특징이다. 때문에 Monday가 「먼다이」, rain이 「라인」으로 들린다. 전체적으로 영국 영어의 영향을 받고 있지만, 뉴질랜드만큼은 아니다. bloody를 강조할 때 사용하는 점은 영국과 마찬가지이며, 광대한 국토를 가지고 있음에도 불구하고 방언이 거의 없다.

미국 영어와 유사한 점은 말을 줄이는 경향이 강하다는 점이다. y=you(당신), uni=university(대학), teev=TV(텔레비전), vedge=vegetable(야채), cuppa=a cup of tea(차 1잔) 등이 있다. 또, 단어의 어미에 친근함을 나타내는 접미어를 많이 붙인다. school teacher는 schoolie, football은 footie, Australian은 Aussie라고 한다.

❏ 뉴질랜드 영어

뉴질랜드 영어는 「이」가 「에」로 들리는 것이 특징이다. 영국 영어와 마찬가지로 입술을 둥글게 하여 오므려(rounded) 발음하는 점과 정중한 영어를 사용한다.

❏ 캐나다 영어

캐나다는 대부분 영어가 공용어이지만, 퀘벡 주 등 동부 일부의 주에서는 프랑스어가 공용어이다.

영어는 미국 영어와 거의 동일하다. 지역에 따라 차이가 있으며, 노바스코시아 주나 프린스에드워드 섬 등 영국의 영향이 남아 있는 지역에서는 영국 영어를 사용하고 있다.

❏ 동남아시아 영어

싱가포르나 필리핀에서는 공용어로써 영어가 널리 쓰이고 있다. 그밖에 지역에서는 대형 호텔이나 일부 공공기관 이외는 영어가 통하지 않는 곳이 많다. 발음은 토착어의 영향이 강하다. 미국 영어나 영국 영어와도 다르며, 말이 빠른 동시에 입 끝으로 말하는 느낌이 동남아시아 영어에서 공통적이다. 이것은 중국어의 영향을 받는 느낌도 적지 않다.

UNIT 01 — Travel English

인사의 표현

흔히 인사표현은 시간, 장소, 대상, 상황에 따라 달리 표현되는데 어떤 장소나 상황에서라도 모르는 사람을 만나면 무조건 가볍게 인사를 건네도록 합시다. 일상적인 회화에서 가장 많이 쓰이는 말이 바로 Hello!입니다. 개네의 정형이 How are you?라고 가볍게 말을 걸면, 이것은 '안녕하세요?' 정도의 가벼운 뉘앙스로써 Hi! / Hello there! / Hey!의 뜻입니다.

Q: 안녕하세요.
annyeonghaseyo

Hi !

하이

A: 안녕하세요. 만나서 반갑습니다.
annyeonghaseyo. mannaseo bangapseumnida

Hello! Nice to meet you.

헬로우 나이스터 밋츄

❏ 안녕하세요. (오후, 저녁)
annyeonghaseyo

Good morning(afternoon, evening).

굿 모닝(앱터눈, 이브닝)

❏ 잘 지내셨습니까?
jal jinaesyeotseumnikka

How are you?

하-아 유

*다소 격식을 갖춘 초면의 인사표현으로 How do you do?라는 표현도 익혀두자.

❏ 잘 지냅니다. 당신은요?
jal jinaemnida dangsineunyo

Fine thank you. And you?

화인 탱큐　　　　　앤유

❏ 처음 뵙겠습니다.
cheoeum boepgetseumnida

Nice to meet you.

나이스터 밋츄

*앞에 It's가 생략된 표현으로써 nice 대신에 glad, pleased, happy 따위의 형용사를 사용해도 무방하지만 앞에 I'm이 생략된 표현이다. 이에 대한 응답으로는 Nice to meet you, too.라고 표현하면 된다. 우리가 알고 있는 How do you do?라는 표현은 다소 격식을 차린 표현이다.

❏ 저 역시 만나서 반갑습니다.
jeo yeoksi mannaseo bangapseumnida

Nice to meet you, too.

나이스터 밋츄　투

❏ 안녕히 계십시오(가십시오).
annyeonghi gyesipsio(gasipsio)

Good-bye.

굿바이

❏ 내일 또 만납시다.
naeil tto mannapsida

See you tomorrow.

씨 유 터마로우

*흔히 See[Catch] you later./ See you then[there]./ See you again[around]. 따위도 널리 활용된다. 그밖에 So long./ Let's keep in touch./ Nice meeting you./ Have a nice day! / Take care! / Be careful. 등의 작별 인사도 알아두면 편리하다.

❏ 한국에서 다시 만납시다.
hangugeseo dasi mannapsida

See you in Korea.

씨 유 인 코리어

UNIT 02 감사의 표현

감사의 표현은 무조건 Thank you. / Thanks.입니다. 감사의 기분을 강하게 전하고 싶을 경우에는 뒤에 very much나 so much 등을 붙여서 뜻을 강조합니다. thank를 명사로 표현하면 "대단히 감사합니다." 라는 뜻으로 Thanks a lot. / A thousand thanks. / Thanks a million 등으로 표현할 수도 있습니다.

Q: 수고해주셔서 감사합니다.
sugohaejusyeoseo gamsahamnida

Thank you for your trouble.

땡큐 훠 유어 트라블

A: 천만에요. *별말씀을요.
cheonmaneyo

You're welcome.

유어 웰컴

☐ 고마워요.
gomawoyo

Thanks.

땡스

*Thank you.의 구어체로 널리 쓰인다.

☐ 대단히 감사합니다.
daedanhi gamsahamnida

Thank you very much.

땡큐 베리 머취

- ❏ **감사드립니다.** *고맙습니다.
  gamsadeurimnida

  I appreciate it.

  아이 어프리쉬에이릿

- ❏ **친절에 감사드립니다.**
  chinjeore gamsadeurimnida

  Thank you for your kindness.

  땡큐 훠 유어 카인니스

- ❏ **도와 주셔서 감사드립니다.**
  dowa jusyeoseo gamsadeurimnida

  Thank you for your help.

  땡큐 훠 유어 헬프.

  *유사한 패턴 표현으로 Thank you for everything.(여러모로) / Thank you for your kindness.(신경써주셔서) / Thank you for your time.(시간을 내주셔서) / Thank you for your calling.(전화주셔서) 따위도 널리 활용된다.

- ❏ **진심으로 감사드립니다.**
  jinsimeuro gamsadeurimnida

  Heartily, thank you.

  하틀리, 땡큐

- ❏ **신세가 많았습니다.**
  sinsega manatseumnida

  You were a big help.

  유 워러 빅 헬프

  *일반적으로는 I owe you one.(빚/신세)이라는 표현이 널리 활용된다.

- ❏ **천만에요.** *별말씀을요.
  cheonmaneyo

  You're welcome.

  유어 웰컴

  *감사의 표현이나 이에 대한 응답은 조건반사적으로 표현되어지는 것이 그들의 언어습관이다. 유사한 표현으로 Don't mention it. / Not at all. / My pleasure. / No problem. 따위로 대응할 수도 있다.

워밍업 감사의 표현

UNIT Travel English

03 사과의 표현

다소 가벼운 의미의 '실례합니다'는 Excuse me.로 표현되며, 책임이나 진정성을 나타낼 경우에는 I'm sorry.를 사용합니다. 따라서 다른 사람 앞을 지나갈 때, 재채기를 했을 때, 방문할 때에는 Excuse me.를 사용하며, 타인의 발을 밟았을 때, 어깨를 부딪쳤을 때 등의 경우에는 I'm sorry.입니다. 이럴 경우에도 That's all right. / Never mind.(괜찮습니다.)라는 표현을 잊지 않도록 합시다!

Q: 깜빡 잊어버려 미안합니다.
kkamppak ijeobeoryeo mianhamnida

I'm sorry. I forgot.

아임 쏘리   아이 훠갓

A: 괜찮습니다.
gwaenchanseumnida

That's all right.

댓츠 올 롸잇

☐ 정말로 죄송합니다.
jeongmallo joesonghamnida

I'm really sorry.

아임 리얼리 쏘리

☐ 늦어서 미안합니다.
neujeoseo mianhamnida

I'm sorry I'm late.

아임 쏘리 아임 래잇

실례합니다.
sillyehamnida

Excuse me.

익스큐즈 미

*Please!라는 표현은 이럴 경우에도 사용되지만 도움을 요청하거나 부탁할 경우에도 사용된다. 또한 용서를 구하는 표현인 Pardon me.는 억양에 따라 「다시 말해 주세요.」는 요청의 표현으로도 쓰인다.

제가 잘못했습니다.
jega jalmotaetseumnida

It's my fault.

잇츠 마이 폴트

*자신의 명백한 실수에 대해서는 분명하게 사과의 의사표현을 하는 것이 예법이다. 특히 I didn't mean it.(고의가 아닙니다.) / Oops. My mistake.(이런 제 잘못입니다.) / I'm sorry to have kept you waiting.(기다리게 해서 죄송합니다.) 따위의 표현도 널리 사용된다.

당신 잘못이 아닙니다.
dangsin jalmosi animnida

That's not your fault.

댓츠 낫 유어 폴트

용서하십시오.
yongseohasipsio

Please forgive me.

플리즈 훠기브 미

걱정하지 마십시오.
geokjeonghaji masipsio

Don't worry about it.

돈 워리 어바우릿

신경 쓰지 마십시오.
singyeong sseuji masipsio

No problem.

노 프라블럼

*That's all right.(괜찮습니다.) / Never mind.(개의치 마세요.)라는 뜻이다.

워밍업 사과의 표현

UNIT 04 응답의 표현

서양인들은 다소 분명한 대답을 선호하는 경향이 있으므로 애매모호한 답변은 피하는 것이 좋습니다. 답변할 때 유의할 사항은 부가의문문이나 부정형 의문문의 응답 표현에 유의해야 합니다. 가령 Do you mind if I smoke?(담배를 피워도 되겠습니까?)에는 허락할 경우에는 No.(I don't mind.), 허락하지 않을 경우에는 Yes.로 대답합니다.

Q: 커피 더 드시겠습니까?
keopi deo deusigetseumnikka
More coffee?
모어 커피

A: 예, 주십시오.
ye, jusipsio
Yes, please.
예스 플리즈

☐ 예. / 아니오.
ye / anio
Yes. / No.
예스 / 노

☐ 예, 그렇습니다.
ye, geureoseumnida
Yes, it is.
예스 잇티즈

❏ 아니오, 그렇지 않습니다.
anio, geureochi anseumnida

No, it isn't.

노, 잇 이즌

❏ 아니오, 괜찮습니다.
anio, gwaenchanseumnida

No, thank you.

노, 땡큐

*Would you ~?라는 제안이나 요청에 대해 받아들이는 표현은 Thanks.라고 하면 되는데 사양하거나 거절할 때 No, thanks.라고 표현해야 한다.

❏ 맞습니다. *그렇습니다.
matseumnida

That's right.

댓츠 롸잇

*상대방의 말에 수락하거나 동의할 때 O.K! / Sure! / Certainly!(좋습니다.) 등으로 표현하며, 맞장구를 피력할 경우에는 Of course! / Sounds good!(물론입니다.) 등의 표현을 사용하며, 반문의 어조가 담긴 표현에는 Really? / Is that so? / Is that right?(그래요?) 따위로 표현한다.

❏ 알았습니다.
aratseumnida

I understand.

아이 언더스탠

❏ 모르겠습니다.
moreugetseumnida

I don't know.

아이 돈 노우

❏ 틀림없습니다.
teullimeopseumnida

That's correct.

댓츠 컬랙

UNIT 05 Travel English

되물음의 표현

현지에서 말하는 영어는 빠르게 들리기 때문에 알고 있는 단어도 놓치는 경우가 많습니다. 그럴 때는 주저하지 말고 되물도록 합시다. 설령 상대의 말투가 우물거려 명확하지 않더라도 노골적으로 '분명하게 말해 주세요'라고 하기보다는 '천천히 말해 주세요'라는 표현을 쓰도록 합시다. 잘 못 알아들었을 경우에는 Pardon me?/ Excuse me?라는 표현을 사용하여 의사소통을 제대로 합시다.

Q: 저도 여기는 초행입니다.
Jeodo yeogineun chohaengimnida

I'm a stranger here, too.

아이머 스트레인져 히어 투

A: 예, 뭐라고요?
ye, mworagoyo

Pardon me?

파든 미

❏ 뭐라고 하셨습니까?
mworago hasyeotseumnikka

What did you say?

왓 디쥬 쎄이

❏ 다시 한번 말씀해 주시겠습니까?
dasi hanbeon malsseumhae jusigetseumnikka

Could you say that again?

쿠쥬 쎄이 댓 어게인

- ❏ 좀더 천천히 말씀해 주십시오.
  jomdeo cheoncheonhi malsseumhae jusipsio

  Please speak more slowly.

  플리즈 스픽 모어 슬로리

- ❏ 뭐라고요?
  mworagoyo

  What?

  왓

  *What for?(이유), How about?(방법) 등의 표현도 널리 활용되며, 보다 구체적인 답을 요구할 경우에는 So what?(그래서 뭐?), And then?(그리고 나서 뭐?) 따위로 언급한다.

- ❏ 그건 무슨 뜻입니까?
  geugeon museun tteusimnikka

  What does it mean (by that)?

  왓 더짓 민 (바이 댓)

- ❏ 이건 어떻게 발음합니까?
  igeon eotteoke bareumhamnikka

  How do you pronounce it?

  하우 두 유 프러나운스 잇

- ❏ 제가 말하는 것을 이해하시겠습니까?
  jega malhaneun geoseul ihaehasigetseumnikka

  Do you understand me?

  두 유 언더스탠 미

- ❏ 써 주십시오.
  sseo jusipsio

  Write it down, please.

  라이릿 다운, 플리즈

- ❏ 간단히 설명해 주세요.
  gandanhi seolmyeonghae juseyo

  Please explain briefly.

  플리즈 익스플레인 브리플리

UNIT 06 — Travel English

구체적인 질문 표현

해외에 나가면 생소한 것이 대부분이어서 궁금하기 마련입니다. 이럴 때 아주 폭넓게 쓸 수 있는 것이 5W1H의 의문사입니다. 특히 What kind of ~ do you like?(종류), What time is it?(시각), What day is it?(날짜), What do you think of it?(견해), What do you want?(기호), What brings you here?(용무) 따위의 표현은 반드시 익혀 둡시다.

Q: 누구십니까? (전화에서)
nugusimnikka

Who's calling, please?

후즈 콜링, 플리즈

A: 접니다.
jeomnida

This is he.

디씨즈 히

❏ 이건 무엇에 쓰는 것입니까?
igeon mueose sseuneun geosimnikka

What's this for?

왓츠 디스 훠

❏ 지금 무엇을 하고 있습니까?
jigeum mueoseul hago itseumnikka

What are you doing now?

워라유 두잉 나우

*그밖에 How old are you?(나이) / How much is it?(가격) / How far is it from here?(거리) / How long does it take?(시간 소요) 등도 함께 익혀 두자.

❏ 이름이 뭡니까?
ireumi mwomnikka

What's your name?
왓츄어 네임

*다소 공손하게 이름을 물을 경우에는 May I ask your name?이라고 하며, 단순히 Your name, please?라고도 표현한다.

❏ 저건 뭡니까?
geugeon mwomnikka

What's that?
왓츠 댓

❏ 무얼 찾고 있습니까?
mueol chatgo itseumnikka

What are you looking for?
와라유 룩킹 휘

❏ 무슨 일을 하십니까?
museun ireul hasimnikka

What do you do (for a living)?
왓 두 유 두 (훠러 리빙)

*직업을 묻는 표현으로 What's your job? / What's your occupation? / What kind of job are you in? 따위로 표현하며, 출신지를 묻는 표현으로는 Where are you from?이라고 한다.

❏ 전화번호는 몇 번입니까?
jeonhwabeonhoneun myeot beonimnikka

What's your phone number?
왓츄어 폰 넘버

❏ 저 빌딩은 무엇입니까?
jeo bildingeun mueosimnikka

What's that building?
왓츠 댓 빌딩

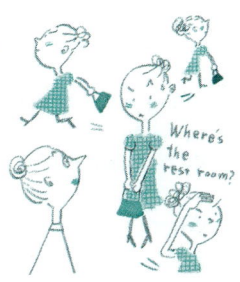

UNIT 07 장소에 관한 표현

where는 주로 '장소'를 물을 때 사용하지만, 그밖에 방향이나 목적지, 갈 곳, 입장, 상태 등도 나타냅니다. Where is the lady's room?(여자화장실은 어디에 있습니까?)의 lady's room처럼 악센트는 질문하고 싶은 곳에 둡니다.
흔히 "여기가 어디입니까?"라는 표현을 궁금해 하는데 간단히 Where am I?라고 말합니다.

Q : 화장실은 어디입니까?
hwajangsireun eodiimnikka

Where's the rest room?

웨어즈 더 레슷 룸

A : 입구 근처에 있습니다.
ipgu geuncheoe itseumnida

It's by the entrance.

잇츠 바이 더 엔트런스

☐ 여기는 어디입니까?
yeogineun eodiimnikka

Where are we?

웨어라 위

☐ 어디에서 오셨습니까?
eodieseo osyeotseumnikka

Where are you from?

웨어라 유 프럼

- 면세점은 어디에 있습니까?
  myeonsejeomeun eodie itseumnikka

  Where's the duty-free shop?

  웨어즈 더 듀티-프리 샵

- 입구는 어디입니까? *출구 : exit
  ipguneun eodiimnikka

  Where's the entrance?

  웨어즈 더 엔트런스

- 그건 어디서 살 수 있습니까?
  geugeon eodiseo sal su itseumnikka

  Where can I buy it?

  웨어 캔아이 바이 잇

- 버스정류소는 어디입니까?
  beoseujeongnyusoneun eodiimnikka

  Where's the bus stop?

  웨어즈 더 버쓰탑

- 저는 이 지도의 어디에 있습니까?
  jeoneun i jidoui eodie itseumnikka

  Where am I on this map?

  웨어래마이 온 디스 맵

- 어디에서 얻을 수 있습니까? *구입하다/ 사다
  eodieseo eodeul su itseumnikka

  Where can I get it?

  웨어 캔아이 게릿

- 어디 출신입니까?
  eodi chulsinimnikka

  Where are you from?

  웨어라 유 프럼

  *고향을 구체적으로 물을 때 Where do you come from?이라고 한다.

UNIT 08

정도의 표현

정도나 수량을 물을 때 쓰이는 것이 how입니다. 얼마(가격), 어느 정도(정도, 양), 어떤(방법, 수단), 어떤 식으로(상태), 왜(이유, 원인), 언제까지(시간) 등 매우 폭넓게 쓰입니다. 아래 표현들 익혀두면 여러 장면에서 많은 도움이 될 것입니다. 흔히 길을 묻는 경우에 How far is it from here?(얼마나 멉니까?), How can I get to the postoffice?(우체국까지 어떻게 갑니까?) 등의 표현이 활용됩니다.

Q: 얼마입니까?
eolmaimnikka

How much is it?

하우 머치 이짓

A: 100달러입니다.
baekdalleoimnida

It's $100.

잇츠 원 헌드러드 달러

❏ 입장료는 얼마입니까?
ipjangnyoneun eolmaimnikka

How much is it to get in?

하우 머취즈 잇 투 겟틴

❏ 공항까지 얼마입니까?
gonghangkkaji eolmaimnikka

How much is it to the airport?

하우 머취즈 잇 투 투 더 에어폿

❏ 이 넥타이는 얼마입니까?
i nektaineun eolmaimnikka

How much is this tie?
하우 머치즈 디스 타이

❏ 가격이 얼마입니까?
gagyeogi eolmaimnikka?

How much does it cost?
하우 머치 더짓 코스트

❏ 박물관까지 얼마나 됩니까? *거리 및 시간의 소요
bangmulgwankkaji eolmana doemnikka

How far is it to the museum?
하우 화 이짓 투 더 뮤지엄

❏ 역까지 얼마나 걸립니까?
yeokkkaji eolmana geollimnikka

How long does it take to the station?
하우 롱 더짓 테익 두 더 스데이션

❏ 자리는 몇 개 비어 있습니까?
jarineun myeot gae bieo itseumnikka

How many seats are available?
하우 메니 싯츠 아 어베일러블

❏ 몇 살입니까?
myeot sarimnikka

How old are you?
하우 올드 아 유

❏ 몇 분이십니까?
myeot bunisimnikka

For how many people, please.
훠 하우 메니 피플, 플리즈

UNIT Travel English

유무에 관한 표현

해외여행의 여러 장면에서 이 질문을 할 경우가 많습니다. have는 '가지고 있다'의 의미에서 '~이(가) 있다'라는 일반적인 존재에 이르기까지 넓은 의미로 쓰입니다. 백화점이나 레스토랑 등에서 자신이 갖고 싶은 것, 사고 싶은 것, 먹고 싶은 것이 있는지 없는지를 묻는 데 편리한 표현입니다.
질문 표현으로 Do you have ~?의 패턴문형을 즐겨 사용합니다.

Q : 필름은 있습니까?
pilleumeun itseumnikka

Do you have any film?

두 유 해브 애니 휠름

A : 네. 여기 있습니다.
ne yeogi itseumnida

Yes. Right here.

예스 롸잇 히어

❏ 2인석은 있습니까?
iinseogeun itseumnikka

Do you have a table for two?

두 유 해버 테이블 풔 투

❏ 오늘 밤, 빈방은 있습니까?
oneul bam, binbangeun itseumnikka

Do you have a room for tonight?

두 유 해버 룸 풔 투나잇

❏ 좀더 큰 것은 있습니까?
jomdeo keun geoseun itseumnikka

Do you have a larger one?

두 유 해버 라쥐 원

❏ 흰색 티셔츠는 있습니까?
huinsaek tisyeocheuneun itseumnikka

Do you have any shirt in white?

두 유 해버니 셔츠 인 화잇

❏ 관광지도는 있습니까?
gwangwangjidoneun itseumnikka

Do you have a sightseeing map?

두 유 해버 싸잇씽 맵

❏ 야간관광은 있나요?
yagangwangwangeun innayo

Do you have a night tour?

두 유 해버 나잇 투어

❏ 공중전화는 있나요?
gongjungjeonhwaneun innayo

Do you have a payphone?

두 유 해버 페이폰

*공중전화는 나라마다 약간씩 다르며, 흔히 public phone이라고 한다.

❏ 단체할인은 있습니까?
dancheharineun itseumnikka

Do you have a group discount?

두 유 해버 그룹 디스카운

❏ 네, 여기 있습니다.
ne, yeogi itseumnida

Yes. Right here.

예스 롸잇 히어

UNIT 10

의뢰에 관한 표현

의뢰의 표현에서 현재의 것을 말할 때 조동사의 과거형인 Could you ~? 혹은 Would you ~?를 사용하는 것은 상대를 존중하기 위해 자기를 낮추는 정중한 표현이 되기 때문입니다. 현재형은 Can you ~?나 Will you ~?입니다. 우리가 쓰기에 무난한 표현은 Could you ~?의 형태입니다.

Q : 마실 것은 무얼로 하시겠습니까?
masil geoseun mueollo hasigetseumnikka

What would you like to drink?

왓 우쥬 라잌 투 드링크

A : 커피 주세요.
keopi juseyo

Coffee, please.

커피, 플리즈

❏ **계산을 부탁합니다.**
gyesaneul butakamnida

Check, please.

첵, 플리즈

❏ **부탁이 있는데요.**
butagi inneundeyo

Could you do me a favor?

쿠쥬 두 미 어 훼이버

*보다 공손한 표현으로는 May I ask a favor of you?라고 한다.

❏ 도와주시겠습니까?
dowajusigetseumnikka

Can you help me?

캔유 핼프 미

❏ 이걸 하나 주세요.
igeol hana juseyo

Can I have a this one?

캔나이 해버 디스 원

❏ 지금 어디에 있는지 가르쳐 주세요.
jigeum eodie inneunji gareucheo juseyo

Could you show me where I am now?

쿠쥬 쇼우 미 웨어 아이 엠 나우

❏ 주문 부탁합니다.
jumun butakamnida

Order, please.

오더, 플리즈

❏ 맥주를 주시겠어요?
maekjureul jusigesseoyo

Can I have a beer?

캔아이 해버 비어

❏ 이걸 주세요.
igeol juseyo

I'll take it.

아일 테이킷

❏ 그 사무실까지 태워주시겠어요?
geu samusilkkaji taewojusigesseoyo

Would you drive(take) me to the office?

우쥬 드라이브(테익) 미 투 더 오피스

*Would you drop me off at the office?는 특정한 곳에 내려달라는 표현이다.

UNIT 11
Travel English
허락에 관한 표현

우리와는 습관이나 매너가 다른 나라를 여행할 때 허락을 구하거나 가능성을 묻거나 하는 장면이 많습니다. 특히 서구에서는 '금연'으로 지정된 장소가 늘고 있기 때문에 담배를 피울 때는 May I smoke?라고 묻고 나서 피우도록 합시다. Can I ~?는 May I ~?과 거의 같은 뉘앙스로 쓸 수 있습니다. Do you mind if I ~? / Is it all right if ~? 따위의 표현은 공손한 표현법이라고 할 수 있습니다.

Q: 사진을 찍어도 됩니까?
sajineul jjigeodo doemnikka

May I take a picture here?

메아이 테이커 픽쳐 히어

A: 예, 괜찮습니다.
ye, gwaenchanseumnida

Yes, you may.

예스, 유 메이

❏ 여기에 앉아도 됩니까?
yeogie anjado doemnikka

May I sit here?

메아이 씻 히어

*자리에 앉기 전에 Is this seat taken?(자리가 비어 있나요?)라는 말을 먼저 건네도록 하자.

❏ 안으로 들어가도 되겠습니까?
aneuro deureogado doegetseumnikka

May I come in?

메아이 커민

❏ 여기서 담배를 피워도 됩니까?
yeogiseo dambaereul piwodo doemnikka

May I smoke here?
메아이 스목 히어

❏ 창문을 열어도 되겠습니까?
changmuneul yeoreodo doegetseumnikka

May I open the window?
메아이 오픈 더 윈도우

❏ 잠깐 여쭤도 될까요?
jamkkan yeojjwodo doelkkayo

May I ask you something?
메아이 애스큐 썸씽

❏ 방을 봐도 되겠습니까?
bangeul bwado doegetseumnikka

Can I see the room?
캔아이 씨 더 룸

❏ 이것을 가져가도 됩니까?
igeoseul gajeogado doemnikka

Can I take this?
캔아이 테익 디스

❏ 카드로 지불해도 됩니까?
kadeuro jibulhaedo doemnikka

Can I pay in credit card?
캔아이 페이 인 크레딧 카드

❏ 담배를 피워도 괜찮겠습니까?
dambaereul piwodo gwaenchanketseumnikka?

Do you mind if I smoke?
두 유 마인 이파이 스목

* 유사한 표현으로 Is it all right to smoke here?라는 표현을 사용해도 무방하며, 이에 대한 허가하는 답변으로 No, I don't mind.라고 한다.

UNIT 12 긴급상황시의 표현

Travel English

여행지에서 곤란한 상황에 부닥치거나 하면 우선 옆에 있는 사람에게 곤란한 상황을 전하거나 도움을 요청하도록 합시다. 그러면 해결의 실마리를 찾을 수 있을 겁니다. 여기에 적힌 회화 예문은 가장 필요한 것만을 모은 것으로, 가능하면 모두 암기해서 여행을 떠나도록 합시다.

Q: 급합니다.
geupamnida
I'm in a hurry.
아임 이너 허리

A: 최선을 다하겠습니다.
choeseoneul dahagetseumnida
I'll do my best.
아윌 두 마이 베슷

❏ 긴급사태입니다.
gingeupsataeimnida
I have an emergency.
아이 해번 이머젼시

❏ 도와줘요(살려줘요)!
dowajwoyo(sallyeojwoyo)
Help! / Help me!
헬프 / 헬프미

❑ 그만둬요!
geumandwoyo

Stop it!
스타빗

❑ 도둑이야, 거기 서!
dodugiya, geogi seo

Stop, thief!
스탑, 씨프

❑ 저놈 잡아라!
jeonom jabara

Get him!
게림

❑ 경찰을 불러요!
gyeongchareul bulleoyo

Call the police!
콜 더 폴리스
*Call 911.(비상전화) / Call an ambulance.(구급차)

❑ 움직이지 마!
umjigiji ma

Hold it!
홀딧

❑ 손들어!
sondeureo

Hands up!
핸즈업

❑ 여기서 나가!
yeogiseo naga

Get out of here!
게라럽 히어

워밍업 긴급상황시의 표현

기 수

0	**zero** [지어로]
1	**one** [원]
2	**two** [투]
3	**three** [쓰리]
4	**four** [훠]
5	**five** [화이브]
6	**six** [씩스]
7	**seven** [세븐]
8	**eight** [에잇]
9	**nine** [나인]
10	**ten** [텐]
11	**eleven** [일레븐]
12	**twelve** [트웰브]
13	**thirteen** [써틴]
14	**fourteen** [포틴]
15	**fifteen** [휩틴]
16	**sixteen** [씩스틴]
17	**seventeen** [세븐틴]
18	**eighteen** [에이틴]
19	**nineteen** [나인틴]
20	**twenty** [트웬티]
30	**thirty** [써티]
40	**forty** [포티]
50	**fifty** [휩티]
60	**sixty** [씩스티]
70	**seventy** [세븐티]
80	**eighty** [에잇티]
90	**ninety** [나인티]
100	**hundred** [헌드러드]
1,000	**thousand** [싸우전드]
10,000	**ten thousand** [텐 싸우전드]
100,000	**hundred thousand** [헌드러드 싸우전드]
1,000,000	**million** [밀리언]

서 수

첫 번째	first [퍼스트]
두 번째	second [쎄컨드]
세 번째	third [써드]
네 번째	fourth [휘스]
다섯 번째	fifth [휩스]
여섯 번째	sixth [씩스스]
일곱 번째	seventh [세븐스]
여덟 번째	eighth [에잇스]
아홉 번째	ninth [나인스]
열 번째	tenth [텐스]
열한 번째	eleventh [일레븐스]
열두 번째	twelfth [트웰브스]
열세 번째	thirteenth [써틴스]
열네 번째	fourteenth [포틴스]
열다섯 번째	fifteenth [휩틴스]
스무 번째	twentieth [투웨니스]
서른 번째	thirtieth [써티스]
마흔 번째	fortieth [훠티스]
쉰 번째	fiftieth [휩티스]
예순 번째	sixtieth [씩스티스]
일흔 번째	seventieth [세븐티스]
여든 번째	eightieth [에잇티스]
아흔 번째	ninetieth [나인티스]
백 번째	hundredth [헌드러드스]

그밖의 숫자

1/2	a half [어 하프]
1/3	one third [원 써드]
1/4	a quarter [어 쿼러]
두 배	twice [트와이스]
세 배	triple [트리플]
한 번	once [원스]
두 번	twice [트와이스]
세 번	three times [쓰리 타임즈]

시 간

시간	time [타임]
1시간	one hour [원 아워]
2시간	two hour [투 아워]
분	minute [미닛]
초	second [세컨]
30분	half one hour [하프 언 아워]
오전	a.m. [에이엠]
오후	p.m. [피엠]

날 짜

날짜	day [데이]
오전	morning [모닝]
오후	afternoon [애프터눈]
저녁	evening [이브닝]
밤	night [나잇]
정오	noon [누운]
오늘	today [투데이]
오늘 아침	this morning [디스 모닝]
오늘 저녁	this evening [디스 이브닝]
오늘 밤	tonight [투나잇]
어제	yesterday [예스터데이]
내일	tomorrow [터모로우]

계 절

봄	spring [스프링]
여름	summer [써머]
가을	fall/autumn [폴 오텀]
겨울	winter [윈터]

방 향

동쪽(의)	east(eastern) [이스트 이스턴]
서쪽(의)	west(western) [웨스트 웨스턴]
남쪽(의)	south(southern) [싸우쓰 써던]
북쪽(의)	north(northern) [노쓰 노던]

신 체

- 머리 head 헤드
- 눈썹 eyebrow 아이브라우
- 눈 eye 아이
- 입 mouth 마우쓰
- 목 neck 넥
- 목구멍 throat 쓰로웃
- 가슴 chest 체스트
- 배 abdomen 애브더먼
- 아랫배 lower abdomen 로워 애브더먼
- 허리 waist 웨이스트
- 손 hand 핸드
- 무릎 knee 니
- 다리 leg 렉
- 이마 forehead 퍼헤드
- 코 nose 노우즈
- 귀 ear 이어
- 어깨 shoulder 쇼울더
- 팔꿈치 elbow 엘보우
- 손목 wrist 리스트
- 손가락 finger 핑거
- 배꼽 navel 네이블
- 엉덩이 buttocks 버턱스
- 허벅다리 thigh 싸이
- 발목 ankle 앵클
- 발끝 toe 토우

해외에서 많이 볼 수 있는 제스처

PART ②

출입국

기내에서
통과 · 환승
입국심사
세관검사
공항에서
시내로 이동

Travel Information

출입국에 관한 정보

✈ 출국하기 전에

여권을 자신이 직접 갖고 있는 경우는 반드시 출발일 1~3일 전에는 항공사나 여행사에 예약 재확인을 하고, 여행을 하고자 하는 나라의 날씨, 주의사항, 문화 등 간단한 정보를 확인해 둔다. 환전은 시내 은행이나 공항에서도 가능하며, 환전할 때는 여권이 꼭 필요하다.

✈ 출국하는 날

보통 국제선은 출발시간 2시간 전, 국내선은 1시간 전부터 출국수속을 시작한다. 주말에는 공항이 항상 붐비고 수속이 더뎌지게 마련이므로 미리 서둘러 공항에 가는 게 좋다.
비행기의 좌석배정은 보딩패스(비행기 티켓을 좌석권으로 바꾸는 것)할 때 정해지므로 일찍 할수록 원하는 자리에 앉을 수 있다.

✈ 공항에서

짐이 많은 사람들은 내용물이 손상되지 않게 잘 포장한 다음 보딩패스를 할 때 짐을 부치고, 반드시 TAG(짐을 부칠 때 항공사에 주는 꼬리표 ; 보통 항공편명, 출발지, 도착지, 시간이 적혀 있음)를 받고 가방에도 이름표를 꼭 달아놓는다. 휴대한 귀중품은 세관을 통과할 때 꼭 신고하여 입국시 문제가 발생하지 않도록 해야 한다. 기내에는 간단한 휴대용 가방만 갖고 들어갈 수 있다.

✈ 기내에서

비행기를 처음 타거나 배정된 좌석을 찾기 힘들 땐 항상 항공사 스튜어디스에게 도움을 청하면 된다. 만약 외국비행기에 탑승했을 경우 의사소통이 어렵더라도 좌석권을 스튜어디스에게 보여 주기만 하면 직원들이 알아듣고 서비스를 제공해준다.

승무원을 호출할 때 호출버튼을 이용하여 스튜어디스를 호출하면 된다. 스튜어디스가 나눠주는 해당국가의 입국카드가 배포되면 승무원의 도움을 받아 기재하면 된다. 서울에서 출발하는 비행기는 외국의 비행기라도 한국인 스튜어디스나 한국어를 할줄 아는 외국인 스튜어디스가 있다.

✈ 입국심사

도착하면 「Arrival」이라는 표시를 따라간다. 다른 승객도 가기 때문에 따라서 가면 된다. 입국심사 장소가 외국인(Alien)과 내국인으로 나뉘어 있고, 물론 외국인 쪽에 서야 한다.

◇ 질문은 세 가지

입국심사는 한 사람씩 심사관 앞에서 하기 때문에 긴장하는 사람도 있지만 무서워할 필요는 없다. 우선 심사관에게 「안녕하세요?」 등 밝게 인사를 하고 담당관의 안내에 따르자.

심사관은 여행자가 가지고 있는 여권과 비자, 그리고 돈은 얼마나 가지고 있는가, 그런 것을 알고 싶을 뿐이다. 그리고 세계 어느 곳을 가더라도 질문하는 것은 세 가지로써 여행 목적, 체재 기간, 체재 장소이다.

✈ 세관을 통과하면서

담당자는 권총이나 마약 등 소지가 금지되어 있는 물건을 여행자가 소지하고 있는가를 조사하는 것이다. 그러므로 보통 여행자는 걱정하지 않아도 된다. 다만 비상용으로 가지고 가는 구급약(특히 분말로 된 것)은 마약은 아닐까 의심받을 수 있기 때문에 의사나 약사의 처방전을 받아두는 것이 좋다. 그밖에 한국에서 가져가는 식품류 등도 설명이 필요할지도 모른다.

UNIT 01 Travel English

기내에서

출국심사를 마치고 비행기에 탑승하면 이제 한국 땅을 떠나게 됩니다. 국제선의 기내는 그 항공사가 소속하는 나라의 영토 취급을 받게 됩니다.
한국 출발의 항공회사(airline / carrier)의 편(flight)에는 대개 한국인 승무원이 탑승하고 있어서 말이 통하지 않아도 큰 불편은 없습니다.

[
_____ 을(를) 주세요.
eul(reul) juseyo

_____ please.
플리즈
]

☐ 커피	keopi	coffee	커피
☐ 홍차	hongcha	tea	티
☐ 오렌지주스	orenjijuseu	orange juice	오렌지 쥬스
☐ 맥주	maekju	a beer	어 비어

Q : (탑승권을 보이며) 제 좌석은 어디인가요?
je jwaseogeun eodiingayo
Where's my seat?
웨어즈 마이 씻

A : 이쪽 통로입니다.
ijjok tongnoimnida
In this aisle.
인 디스 아일

✈ 좌석을 찾을 때

☐ (탑승권을 보이며) 12B 좌석은 어디입니까?
12B jwaseogeun eodiimnikka

Where is seat 12(twelve) B?
웨어리즈 씻 트웰브 비

☐ 여기는 제 자리인데요.
yeogineun je jariindeyo

I think this is my seat.
아이 씽크 디씨즈 마이 씻

☐ 여기에 앉아도 되겠습니까?
yeogie anjado doegetseumnikka

Can I sit here?
캔아이 씻 히어

*일반적으로 Excuse me. Is this seat taken?이라고 표현한다.

☐ (옆 사람에게) 자리를 바꿔 주시겠습니까?
jarireul bakkwo jusigetseumnikka

Could I change seats?
쿠다이 체인쥐 씻츠

☐ 저기 빈자리로 옮겨도 되겠습니까?
jeogi binjariro omgyeodo doegetseumnikka

Could I move to an empty seat over there?
쿠다이 무브 투 언 앰티 씻 오버 데어

☐ 잠깐 지나가도 될까요?
jamkkan jinagado doelkkayo

May I go through?
메아이 고 쓰루

✈ 기내 서비스를 받을 때

☐ 음료는 뭐가 좋겠습니까? * 어떤 음료로 드시겠어요?
eumnyoneun mwoga joketseumnikka

What would you like to drink?
왓 우쥬 라잌 투 드링

☐ 어떤 음료가 있습니까?
eotteon eumnyoga itseumnikka

What kind of drinks do you have?
왓 카인업 드링스 두 유 해브

☐ 콜라는 있습니까?
kollaneun itseumnikka

Do you have coke?
두 유 해브 코욱

☐ 맥주를 주시겠습니까?
maekjureul jusigetseumnikka

Can I have a beer?
캔아이 해버 비어

☐ 베개와 모포를 주세요.
begaewa moporeul juseyo

May I have a pillow and a blanket, please.
메아이 해버 필로우 앤더 브랭킷, 플리즈

☐ 한국어 신문(잡지)은 있습니까?
hangugeo sinmun(japji)eun itseumnikka

Do you have any Korean newspapers(magazines)?
두 유 해브 애니 코리언 뉴스페이퍼즈(메거진스)

✈ 기내식을 할 때

□ 식사는 언제 나옵니까?
siksaneun eonje naomnikka

What time do you serve the meal?
왓 타임 두 유 써브 더 밀

□ 소고기와 닭고기가 있는데, 어느 것으로 하시겠습니까?
sogogiwa dakgogiga inneunde, eoneu geoseuro hasigetseumnikka

Would you like beef or chicken?
우쥬 라잌 비프 오어 치킨

□ 소고기로 주세요.
sogogiro juseyo

Beef, please.
비프, 플리즈

□ 식사는 필요 없습니다.
siksaneun piryo eopseumnida

I don't feel like eating dinner.
아이 돈 필 라잌 이링 디너

□ 식사는 다 하셨습니까?
siksaneun da hasyeotseumnikka

Are you through with your meal?
아유 쓰루 위듀어 밀

□ 잘 먹었습니다.
jal meogeotseumnida

I enjoyed it. Thank you.
아이 인죠이디릿 땡큐

출입국 / 기내에서

✈ 입국카드 작성과 면세품을 구입할 때

❏ 이것은 입국카드입니까?
igeoseun ipgukkadeuimnikka

Is this the immigration form?
이즈 디스 더 이미그레이션 훰

❏ 이 서류 작성법을 가르쳐 주시겠어요?
i seoryu jakseongbeobeul gareucheo jusigesseoyo

Could you tell me how to fill in this form?
쿠주 텔 미 하우 투 휠 인 디스 훰

❏ 기내에서 면세품을 판매합니까?
ginaeeseo myeonsepumeul panmaehamnikka

Do you sell tax-free goods on the flight?
두 유 셀 텍스-프리 굿스 온 더 플라잇

❏ 어떤 담배가 있습니까?
eotteon dambaega itseumnikka

What cigarettes do you have?
왓 시거렛츠 두 유 해브

❏ (면세품 사진을 가리키며) 이것은 있습니까?
igeoseun itseumnikka

Do you have this?
두 유 해브 디스

❏ 한국 돈은 받습니까?
hanguk doneun batseumnikka

Do you accept Korean Won?
두 유 억셉 코리언 원

✈ 몸이 불편하거나 궁금한 사항을 물을 때

☐ 비행기 멀미약은 있습니까?
bihaenggi meolmiyageun itseumnikka

Do you have a medicine for air-sickness?
두 유 해버 메더씬 풔 에어-씩니스

☐ 몸이 좀 불편합니다. 약을 주시겠어요?
momi jom bulpyeonhamnida. yageul jusigesseoyo

I feel a little sick. Can I have some medicine?
아이 필 어 리를 씩   캔아이 해브 썸 메더씬

☐ 비행은 예정대로입니까?
bihaengeun yejeongdaeroimnikka

Is this flight on schedule?
이즈 디스 플라잇 온 스케쥴

☐ 현지시간으로 지금 몇 시입니까?
hyeonjisiganeuro jigeum myeot siimnikka

What is the local time?
와리즈 더 로컬 타임

☐ 이 서류 작성법을 가르쳐 주시겠어요?
i seoryu jakseongbeobeul gareucheo jusigesseoyo

Could you tell me how to fill in this form?
쿠쥬 텔 미 하우 투 휠 인 디스 훰

☐ 환승 시간에 늦지 않을까 걱정입니다.
hwanseung sigane neutji aneulkka geokjeongimnida

I'm anxious about my connecting flight.
아임 앵셔스 어바웃 마이 커넥팅 플라잇

출입국 기내에서

*스튜어디스를 부를 때는
Excuse me(익스큐즈 미)라고 부릅시다.

기내에서 볼 수 있는 게시판

NO SMOKING	금연
FASTEN BELT	안전벨트 착용
OCCUPIED	화장실 사용중
VACANT	비어 있음
LIFE VEST UNDER YOUR SEAT	좌석 아래에 구명조끼 있음
NOT FOR DRINKING	못 마시는 물
CALL BUTTON	호출버튼
TOWEL DISPOSAL	쓰레기통

입국신고서

씨명	Name
성	Family name
이름	Given name
국적	Nationalty
생년월일	Day, Month, Year
남, 여	Male, Female
현주소	Home address
직업	Occupation
체재국의 연락처	Address in ○○
여권번호	Passport No.
항공기 편명	Flight No.
탑승지	Fort of Embarkation
여행목적	Purpose of visit
서명	Signature
○○체재예정기간	Entered Length of stay in ○○

미국 입국신고서

영국 입국신고서

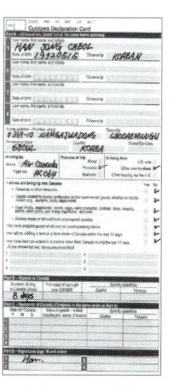

캐나다 입국신고서

UNIT 02

Travel English

통과·환승

이용하는 비행기가 직행편이 아닌 경우 먼저 비행기에서 내려 대기실에 기다리는 경우가 있습니다(TRANSIT). 그 비행기를 탄 사람에게는 내리는 순간 TRANSIT PASS(통과권)를 나누어 줍니다. 이것은 다시 비행기를 탈 때 필요하므로 잘 간직하도록 합시다.

[_____ 은(는) 몇 시입니까?
_____ eun(neun) myeot siimnikka

When is the _____ time?
웨니즈 더 타임]

□ 탑승 tapseung **boarding** 보딩
□ 이륙 iryuk **take-off** 테이콥
□ 도착 dochak **arrival** 어라이벌
□ 출발 chulbal **departure** 디파쳐

Q: 손님의 최종 목적지는 어디입니까?
sonnimui choejong mokjeokjineun eodiimnikka
What's your final destination?
왓츄어 화이널 데스터네이션

A: 시카고입니다.
sikagoimnida
It's Chicago.
잇츠 시카고

✈ 공항에서

□ 이 공항에서 어느 정도 머뭅니까?
i gonghangeseo eoneu jeongdo meomumnikka

How long will we stop here?
하우 롱 윌 위 스탑 히어

□ 환승 카운터는 어디입니까?
hwanseung kaunteoneun eodiimnikka

Where's the transfer counter?
웨어즈 더 트랜스훠 카운터

□ 탑승수속은 어디서 하면 됩니까?
tapseungsusogeun eodiseo Ha-myeon doemnikka

Where do I check in?
웨어 두 아이 첵킨

□ 환승까지 시간은 어느 정도 있습니까?
hwanseungkkaji siganeun eoneu jeongdo itseumnikka

How long is the layover?
하우 롱 이즈 더 레이오버

□ 탑승은 몇 시부터입니까?
tapseungeun myeot sibuteoimnikka

When do we board?
웬 두 위 보드

□ 대합실에 면세점은 있나요?
daehapsire myeonsejeomeun innayo

Are there any duty-free shops in the waiting room?
아 데어래니 듀티-프리 샵스 인 더 웨이링 룸

출입국 · 통과 · 환승

UNIT 03

Travel English

입국심사

목적지 공항에 도착하면 먼저 ARRIVAL, TO THE CITY 또는 ENTRY 등의 표시를 따라 Immigration 또는 Passport Control을 향해서 가면 입국심사 카운터에 도착합니다. 기내에서 작성한 입국카드와 여권을 심사관에게 보입니다. 질문과 응답은 대부분 정해져 있으므로 성실하게 대답하면 됩니다.

[
약 _____ 입니다.
yak _____ imnida

For _____ .
풔
]

☐ 1주일	iljuil	one week	원 위크
☐ 10일	sibil	ten days	텐 데이즈
☐ 15일	siboil	fifteen days	휩틴 데이즈
☐ 1개월	ilgaewol	one month	원 먼쓰

Q: 여권을 보여 주시겠어요?
yeogwoneul boyeo jusigesseoyo

May I see your passport?

메아이 씨 유어 패스폿

A: 여기 있습니다.
yeogi itseumnida

Here it is.

히어 이리즈

✈ 방문목적을 물을 때

☐ 여권을 보여 주십시오.
yeogwoneul boyeo jusipsio

Your passport, please.
유어 패스폿, 플리즈

☐ 입국 목적은 무엇입니까?
ipguk mokjeogeun mueosimnikka

What's the purpose of your visit?
왓츠 더 퍼퍼스 업 유어 비짓

☐ 관광(사업)입니다.
gwangwang(saeop/gongbu)imnida

Sightseeing(Business/Studying).
싸잇씽(비즈니스/스타딩)

☐ 얼마나 체재하십니까?
eolmana chejaehasimnikka

How long are you staying?
하우 롱 아 유 스태잉

☐ 1주일 체재합니다.
iljuil chejaehamnida

I'm staying for a week.
아임 스태잉 훠러 웍

✈ 체재 장소와 일정을 물을 때

☐ 어디에 머무십니까?
eodie meomusimnikka

Where are you staying?
웨어라유 스태잉

- ○○호텔에 머뭅니다.
  ○○hotere meomumnida

  I'll stay at the ○○Hotel.
  아일 스테이 앳 더 ○○호텔

- (메모를 보이며) 숙박처는 이 호텔입니다.
  sukbakcheoneun i hoterimnida

  I'll stay at this hotel.
  이일 스테이 앳 디스 호텔

- (호텔은) 아직 정하지 않았습니다.
  ajik jeonghaji anatseumnida

  I don't know which one.
  아이 돈 노우 위치 원

- (호텔은) 단체여행이라서 모릅니다.
  dancheyeohaengiraseo moreumnida

  I'm not sure, because I'm a member of group tour.
  아임 낫 슈어, 비커즈 아이머 멤버럽 그룹 투어

✈ 기타 질문 사항

- 돌아가는 항공권은 가지고 계십니까?
  doraganeun hanggonggwoneun gajigo gyesimnikka

  Do you have a return ticket?
  두 유 해버 리턴 티킷

- 네, 가지고 있습니다.
  ne, gajigo itseumnida

  Yes, it's right here.
  예스, 잇츠 롸잇 히어

❏ 단체여행입니까?
dancheyeohaengimnikka

Are you a member of group tour?
알 유어 멤버럽 그룹 투어

❏ 현금은 얼마나 가지고 있습니까?
hyeongeumeun eolmana gajigo itseumnikka

How much cash do you have with you?
하우 머치 캐쉬 두 유 해브 위듀

❏ 800달러 정도입니다.
palbaek dalleo jeongdoimnida

I have about $800(eight hundred dollars).
아이 해브 어바웃 에잇 헌드러드 달러즈

❏ 이 나라는 처음입니까?
i naraneun cheoeumimnikka

Is this your first visit(here)?
이즈 디스 유어 훠슷 비짓(히어)

❏ 네, 처음입니다.
ne, cheoeumimnida

Yes, it is.
예스, 이리즈

❏ 됐습니다.
dwaetseumnida

Good. Have a nice stay.
굿 해버 나이스 스테이

UNIT 04

Travel English

세관검사

입국심사가 끝나면 BAGGAGE CLAIM의 표시를 따라서 갑니다. 타고 온 항공사와 편명이 표시된 턴테이블로 나오므로 그 주위에서 기다렸다 찾으면 됩니다. 짐을 찾으면 CUSTOMS의 표시를 따라 세관으로 가서 여권과 세관신고서를 담당에게 보여 주고 통과를 기다리면 됩니다.

이것은 _____ 입니다.
igeoseun _____ imnida

This is _____ .
디씨즈

한국어	발음	English	발음
□ 선물	seonmul	gift	깁트
□ 일용품	iryongpum	for my personal use	훠 마이 퍼스널 유즈
□ 약	yak	medicine	메더쓴

Q: 신고할 것이 있습니까?
singohal geosi itseumnikka

Do you have anything to declare?
두 유 해브 애니씽 투 디클레어

A: 없습니다.
eopseumnida

No, I don't.
노, 아이 돈

✈ 짐을 찾을 때

☐ 짐은 어디서 찾습니까?
jimeun eodiseo chatseumnikka

Where can I get my baggage?

웨어 캔아이 겟 마이 배기쥐

☐ 이건 714편 턴테이블입니까?
igeon chirilsa pyeon teonteibeurimnikka

Is this baggage conveyer for flight 714?

이즈 디스 배기쥐 컨베이어 휘 플라잇 세븐 원 휘

☐ 714편 짐은 나왔습니까?
chirilsa pyeon jimeun nawatseumnikka

Has baggage from flight 714 arrived?

해즈 배기쥐 후럼 흘라잇 세븐 원 휘 어라이브드

☐ 제 짐이 보이지 않습니다.
je jimi boiji anseumnida

I can't find my baggage.

아이 캔 화인 마이 배기쥐

☐ 이게 수화물인환증입니다.
ige suhwamurinhwanjeungimnida

Here is my claim tag.

히어리즈 마이 클레임 태그

☐ 당장 보상해 주세요.
dangjang bosanghae juseyo

Will you pay for me for a few days?

윌 유 페이 휘미 휘 어 휴 데이즈

✈ 세관검사를 받을 때

☐ 여권과 신고서를 보여 주십시오.
yeogwongwa singoseoreul boyeo jusipsio

Your passport and declaration card, please.
유어 패스폿 앤 데클러레이션 카드, 플리즈

☐ 신고서는 가지고 있지 않습니다.
singoseoneun gajigo itji anseumnida

I don't have a declaration card.
아이 돈 해버 데클러레이션 카드

☐ 세관신고서는 가지고 계십니까?
segwansingoseoneun gajigo gyesimnikka

Do you have your customs declaration form?
두 유 해뷰어 커스텀즈 데클러레이션 훰

☐ 신고할 것은 있습니까?
singohal geoseun itseumnikka

Do you have anything to declare?
두 유 해브 애니씽 투 디클레어

☐ 일용품뿐입니다.
iryongpumppunimnida

I only have personal belongings.
아이 온리 해브 퍼스널 빌렁잉스

☐ 이 가방을 열어 주십시오.
i gabangeul yeoreo jusipsio

Please open this bag.
플리즈 오픈 디스 백

❏ 내용물은 무엇입니까?
naeyongmureun mueosimnikka

What's in it?
왓츠 이닛

❏ 이건 뭡니까?
igeon mwomnikka

What's this?
왓츠 디스

❏ 친구에게 줄 선물입니다.
chinguege jul seonmurimnida

Gifts for my friends.
깁츠 휘 마이 흐렌즈

❏ 다른 짐은 있나요?
dareun jimeun innayo

Do you have any other baggage?
두 유 해브 애니 아더 배기쥐

❏ 이건 과세 대상이 됩니다.
igeon gwase daesangi doemnida

You have to pay duty on it.
유 해브 투 페이 듀티 오닛

❏ 과세액은 얼마입니까?
gwaseaegeun eolmaimnikka

How much is the duty?
하우 머치즈 더 듀티

UNIT 05

공항에서

?i Tourist Information 등으로 표시된 공항 로비의 안내소에는 무료 지도, 관광 가이드나 호텔 가이드 등의 팸플릿이 준비되어 있습니다. 시내의 교통수단, 호텔이 위치한 장소나 택시 요금 등 필요한 정보를 모으도록 합시다. 대형 공항에서는 호텔 예약, 렌터카 등의 별도의 부스가 있기도 합니다.

이것은 _____ 은(는) 어디에 있습니까?
igeoseun _____ eun(neun) eodie itseumnikka

Where is the _____ ?
웨어리즈 더

□ 안내소	annaeso	information	인훠메이션
□ 환전소	hwanjeonso	exchange	익스체인쥐
□ 화장실	hwajangsil	rest room	레슷 룸
□ 택시정류장	taeksiseunggangjang	taxi stand	택시 스탠드

Q: 어디에서 환전을 합니까?
eodieseo hwanjeoneul hamnikka

Where can I exchange money?
웨어 캔아이 익스체인쥐 머니

A: 「환전」이라고 써진 곳으로 가십시오.
「hwanjeon」irago sseojin goseuro gasipsio

Go to "Currency Exchange."
고 투 "커런시 익스체인쥐"

환전을 할 때

□ 이걸 환전해 주시겠어요?
igeol hwanjeonhae jusigesseoyo

Could you exchange this?
쿠쥬 익스체인쥐 디스

□ 여행자수표를 현금으로 바꿔 주세요.
yeohaengjasupyoreul hyeongeumeuro bakkwo juseyo

Please cash these traveler's checks.
플리즈 캐쉬 디즈 트래벌리즈 첵스

□ 잔돈도 섞어 주세요.
jandondo seokkeo juseyo

I'd like some small change.
아이드 라읶 썸 스몰 체인쥐

□ 계산이 틀린 것 같은데요.
gyesani teullin geot gateundeyo

I think the amount is incorrect.
아이 씽 디 어마운티즈 인컬렉

□ 수수료는 얼마입니까?
susuryoneun eolmaimnikka

How much is your commission?
하우 머치즈 유어 커미션

□ 계산서를 주시겠어요?
gyesanseoreul jusigesseoyo

May I have a receipt?
메아이 해버 리씻

출입국 공항에서

✈ 관광안내소에서

☐ 관광안내소는 어디에 있습니까?
gwangwangannaesoneun eodie itseumnikka

Where is the tourist information center?

웨어리즈 더 투어리슷 인훠메이션 쎄너

☐ 시가지도와 관광 팸플릿을 주시겠어요?
sigajidowa gwangwang paempeulliseul jusigesseoyo

Can I have a city map and tourist brochure?

캔아이 해버 씨티 맵 앤 투어리슷 브로슈어

*관광지의 관광안내소에서 guide book(안내 책자), pamphlet(팸플릿) 따위를 활용하면 된다.

☐ 매표소는 어디에 있습니까?
maepyosoneun eodie itseumnikka

Where is the ticket office?

웨어리즈 더 티킷 오휘스

☐ 출구는 어디입니까?
chulguneun eodiimnikka

Where is the exit?

웨어리즈 더 엑싯

☐ 호텔 리스트는 있습니까?
hotel riseuteuneun itseumnikka

Do you have a hotel list?

두 유 해버 호텔 리슷

☐ 여기서 렌터카를 예약할 수 있습니까?
yeogiseo renteokareul yeyakal su itseumnikka

Can I reserve a rental car here?

캔아이 리저버 렌탈 카 히어

✈ 호텔을 찾을 때

□ 여기서 호텔을 예약할 수 있습니까?
yeogiseo hotereul yeyakal su itseumnikka

Can I reserve a hotel here?

캔아이 리저버 호텔 히어

□ 시내 호텔을 예약해 주시겠어요?
sinae hotereul yeyakae jusigesseoyo

Could you reserve a hotel in the city?

쿠쥬 리저버 호텔 인 더 씨티

□ 어떤 호텔을 찾으십니까?
eotteon hotereul chajeusimnikka

What kind of hotel are you looking for?

왓 카인덥 호텔 아 유 룩킹 훠

□ 번화가에 가까운 호텔을 부탁합니다.
beonhwagae gakkaun hotereul butakamnida

One near downtown, please.

원 니어 다운타운, 플리즈

□ 역에서 가까운 호텔을 부탁합니다.
yeogeseo gakkaun hotereul butakamnida

I'd like a hotel close to the station.

아이드 라이커 호텔 클로우즈 투 더 스테이션

□ 그 호텔은 어디에 있습니까?
geu hotereun eodie itseumnikka

Where's the hotel?

웨어즈 더 호텔

출입국 공항에서

UNIT

시내로 이동

공항의 포터에게 지불하는 것은 팁이 아니라 포터 요금으로 정해진 규정 요금입니다.
괜찮다면 다소 팁을 주는 것도 좋겠습니다.
시내와 공항을 직접 연결하는 전용 버스 이외에 지하철, 버스, 택시 등의 교통수단이
있습니다.

[
_____ (으)로 가 주세요.
_____ (eu)ro ga juseyo

_____ , please.
_____ , 플리즈
]

☐ ○○호텔   ○○hotel   ○○ Hotel   ○○호텔
☐ 시내   sinae   downtown   다운타운
☐ ○○역   ○○yeok   ○○ Station   ○○스테이션
☐ ○○박물관   ○○bangmulgwan   ○○ museum   ○○뮤지엄

Q: 어디서 택시를 탑니까?

eodiseo taeksireul tamnikka

Where can I get a taxi?

웨어 캔아이 게러 택시

A: 바로 앞쪽에 택시 정류장이 있습니다.

baro apjjoge taeksi seunggangjangi itseumnida

There's a taxi stand up ahead.

데어저 택시 스탠덥 어헤드

✈ 포터

☐ 포터를 찾고 있습니다.
poteoreul chatgo itseumnida

I'm looking for a porter.
아임 룩킹 풔러 포터

☐ 포터를 불러 주세요.
poteoreul bulleo juseyo

Please get me a porter.
플리즈 겟 미 어 포터

☐ 이 짐을 택시승강장까지 옮겨 주세요.
i jimeul taeksiseunggangjangkkaji omgyeo juseyo

Please take this baggage to the taxi stand.
플리즈 테익 디스 배기쥐 투 더 택시 스탠드

☐ 이 짐을 버스정류소까지 옮겨 주세요.
i jimeul beoseujeongnyusokkaji omgyeo juseyo

Please take this baggage to the bus stop.
플리즈 테익 디스 배기쥐 투 더 버쓰탑

☐ 카트는 어디에 있습니까?
kateuneun eodie itseumnikka

Where are the baggage carts?
웨어라 더 배기쥐 카츠

☐ 짐을 호텔로 보내 주세요.
jimeul hotello bonae juseyo

Please deliver the baggage to my hotel.
플리즈 딜리버 더 배기쥐 투 마이 호텔

출입국 시내로 이동

✈ 택시

❏ 택시 승강장은 어디입니까?
taeksi seunggangjangeun eodiimnikka

Where is the taxi stand?
웨어리즈 더 택시 스탠드

❏ 어디서 택시를 탑니까?
eodiseo taeksireul tamnikka

Where can I get a taxi?
웨어 캔아이 게러 택시

❏ 어디까지 가십니까?
eodikkaji gasimnikka

Where are you going?
웨어라 유 고잉

❏ ○○호텔로 가 주세요.
○○hotello ga juseyo

To ○○ Hotel, please.
투 ○○ 호텔, 플리즈

❏ (주소를 보이며) 이곳으로 가 주세요.
igoseuro ga juseyo

Take me to this address, please.
테익 미 투 디스 어드레스, 플리즈

❏ 짐을 트렁크에 넣어 주세요.
jimeul teureongkeue neoeo juseyo

Please put my baggage in the trunk.
플리즈 풋 마이 배기쥐 인 더 트렁크

✈ 버스

❑ 시내로 가는 가장 빠른 교통수단은 무엇입니까?
sinaero ganeun gajang ppareun gyotongsudaneun mueosimnikka

What's the fastest way to downtown?
왓츠 더 훼스티스트 웨이 투 다운타운

❑ 시내로 가는 가장 싼 교통수단은 무엇입니까?
sinaero ganeun gajang ssan gyotongsudaneun mueosimnikka

What's the cheapest way to downtown?
왓츠 더 칩피스트 웨이 투 다운타운

❑ 시내로 가는 버스는 있습니까?
sinaero ganeun beoseuneun itseumnikka

Is there a bus going downtown?
이즈 데어러 버스 고잉 다운타운

❑ 매표소는 어디입니까?
maepyosoneun eodiimnikka

Where is the ticket office?
웨어리즈 더 티킷 오피스

❑ 시간은 어느 정도 걸립니까?
siganeun eoneu jeongdo geollimnikka

How long does it take to get there?
하우 롱 더짓 테익 투 겟 데어

❑ 도착하면 알려 주시겠어요?
dochakamyeon allyeo jusigesseoyo

Could you tell me when we get there?
쿠쥬 텔 미 웬 위 겟 데어

출입국 시내로 이동

공항에서 볼 수 있는 게시판

DEPARTURE GATE	출발입구
ARRIVAL GATE	도착입구
BOARDING GATE	탑승입구
NOW BOARDING	탑승수속 중
ON TIME	정각에
DELAYED	지연
CONNECTING FLIGHT	환승 비행기
STAND BY	공석 대기
EXCHANGE / MONEY EXCHANGE	환전소
DOMESTIC	국내선

LA공항

PART 3

숙박

호텔 예약
호텔 체크인
룸서비스
호텔시설 이용하기
호텔에서 전화 · 우편
호텔에서의 트러블
체크아웃

Travel Information

숙박에 관한 정보

✈ 호텔 예약

시즌 중 유명관광지가 아니면 방을 구하는 데는 그리 어렵지 않다. 현지에 빨리 도착해서 호텔을 찾으면 OK.

그러나 시즌 중에는 출발하기 전에 예약해 두는 것이 좋다. 체크인도 그리 늦지 않게 하는 것이 좋다. 시즌 중에는 해약을 생각해서 여분으로 예약을 받아두는 경우가 있다. 즉 이중 예약이다. 그래서 연락도 없이 체크인을 늦게 하면 예약을 취소당해 낭패를 보는 경우가 있다.

✈ 호텔에서

비싼 물건이 들어있는 가방은 직접 휴대하여 방이 배정될 때까지 로비에서 기다린다. 귀중품 도난방지를 위해 안전금고를 이용하며, 호텔에서 또는 시내에서 한국으로의 전화통화 요령을 알아둔다.

✈ 호텔방에서

각종 전자제품 및 욕실용품 등의 작동요령을 알아둔다(특히, 전기 전압 등). 호텔의 욕실들은 일반 가정처럼 바닥에 하수구멍이 없어서 욕조 안에서 샤워를 한다. 이럴 경우는 바닥에 물이 흐르지 않도록 커튼을 이용하고, 대부분의 호텔방문은 자동으로 잠기므로 잠깐 동행인의 옆방에 들르더라도 반드시 방 키를 소지해야 한다. 참고로 호텔방 베란다 문도 자동으로 잠기는 경우가 많으니 베란다에 갇혀 밤새 시멘트 바닥에서 고생하는 일이 없도록 주의하자.

✈ 팁(tip)

개인적으로 주문 또는 시설을 이용할 때 발생되는 비용의 10~15% 정도를 팁으로 추가 지불하는 것이 상례이다. 또, 현지 안내원이나 운전사의 성실도에 따라서 일정액의 팁을 줌으로써 더 적극적인 서비스를 기대할 수 있다.

✈ 외출할 때

외출할 때는 인솔자나 현지 안내원에게 행선지와 연락처를 남기고 행동하며, 호텔의 이름과 주소가 적혀 있는 호텔카드나 호텔 성냥갑, 또는 명함을 소지해야 호텔로 돌아올 때 어려움을 겪지 않는다.
나중에 택시를 타더라도 호텔카드 따위를 운전사에게 보여주면 언어소통 문제없이 호텔로 돌아올 수 있다.

✈ 호텔에서의 매너

호텔 복도는 바깥 거리와 똑같이 생각해야 한다. 파자마 차림으로 돌아다니는 것은 창피스러운 일이다. 밤늦게 술에 취해 큰소리로 노래를 부르며 다니는 것도 삼가야 한다.
서구에서는 종업원과 손님, 그리고 손님들 간에도 만나면 「Hi」라고 기분 좋게 인사하는 것이 매너이다.

✈ 호텔에서의 안전대책

외출에서 돌아왔을 때 프런트에서 이름과 방 번호를 큰 소리로 외치는 것은 안 된다. 어디서 누가 듣고 있는지 모른다. 타인에게 이름이나 방 번호를 기억시키는 것은 그다지 좋은 일은 아니다. 그리고 문을 누가 두드렸을 때 확인 없이 문을 열어주어서는 안 된다. 들여다보는 구멍으로 확인하고 방문 걸이 줄을 풀지 않은 상태로 연다. 이것이 해외에서 호텔 방문을 올바르게 여는 방법이다.

UNIT 01 호텔 예약

호텔을 현지에서 찾을 때는 공항이나 시내의 관광안내소(Tourist Information)에서 물어보도록 합시다. 예약을 해주는 곳도 있기는 하지만, 우선 가능하면 한국에서 출발하기 전에 예약을 해두는 것이 좋습니다. 예약할 때는 요금, 입지, 치안 등을 고려해서 정하도록 합시다.

[
_____ (으)로 부탁합니다.
_____ (eu)ro butakamnida

I'd like a _____ .
아이드 라이커
]

- 싱글 룸   singgeul rum   **single room**   싱글 룸
- 트윈 룸   teuwin rum   **twin room**   트윈 룸
- 더블 룸   deobeul rum   **double room**   더블 룸
- 욕실이 있는 방   yoksiri inneun bang **room with a bath**   룸 위더 배쓰

Q : 오늘 밤, 빈방 있습니까?
oneul bam, binbang itseumnikka
Do you have a room for tonight?
두 유 해버 룸 훠 투나잇

A : 몇 분이십니까?
myeot bunisimnikka
For how many of you.
훠 하우 메니 업 유

✈ 안내소에서

□ 여기서 호텔 예약할 수 있습니까?
yeogiseo hotel yeyakal su itseumnikka

Can I make a reservation here?
캔아이 메이커 레저베이션 히어

□ 어떤 방이 좋겠습니까?
eotteon bangi joketseumnikka

What type of room would you like?
왓 타입 업 룸 우쥬 라익

□ 역까지 데리러 옵니까?
yeokkkaji derireo omnikka

Could you pick me up at the station?
쿠쥬 픽 미 업 앳 더 스테이션

□ 공항까지 데리러 옵니까?
gonghangkkaji derireo omnikka

Could you pick me up at the airport?
쿠쥬 픽 미 업 앳 더 에어폿

□ 그 호텔은 어디에 있습니까?
geu hotereun eodie itseumnikka

Where is the hotel located?
웨어리즈 더 호텔 로우케이리드

□ 다른 호텔을 소개해 주십시오.
dareun hotereul sogaehae jusipsio.

Could you tell me where another hotel is?
쿠쥬 텔 미 웨어 어나더 호텔 이즈

숙박

호텔 예약

✈ 전화로 예약할 때

❏ 오늘 밤, 빈방 있습니까?
oneul bam, binbang itseumnikka

Do you have any vacancies tonight?
두 유 해버니 베이컨시즈 투나잇

❏ 숙박요금은 얼마입니까?
sukbagyogeumeun eolmaimnikka

How much is the room charge?
하우 머치즈 더 룸 챠지

❏ 1박에 얼마입니까?
ilbage eolmaimnikka

How much for one night?
하우 머치 훠 원 나잇

❏ 요금에 조식은 포함되어 있나요?
yogeume josigeun pohamdoeeo innayo

Does the room charge include breakfast?
더즈 더 룸 챠지 인클루드 블렉훠슷

❏ 봉사료와 세금은 포함되어 있습니까?
bongsaryowa segeumeun pohamdoeeo itseumnikka

Does it include service charge and tax?
더짓 인클루드 써비스 챠지 앤 택스

❏ 예약을 하고 싶은데요.
yeyageul hago sipeundeyo

I'd like to make a reservation.
아이드 라익 투 메이커 레저베이션

□ 몇 박을 하실 겁니까?
myeot bageul hasil geomnikka

How long would you like to stay?
하우 롱 우쥬 라익 투 스테이

□ 오늘 밤부터 2박 할 겁니다.
oneul bambuteo ibak hal geomnida

I'll stay two nights.
아일 스테이 투 나잇츠

□ 더블 룸으로 부탁합니다.
deobeul rumeuro butakamnida

A double room, please.
어 더블 룸, 플리즈

□ 욕실이 있는 방으로 부탁합니다.
yoksiri inneun bangeuro butakamnida

I'd like a room with a bath.
아이드 라이커 룸 위더 배쓰

□ 선불인가요?
seonburingayo

Do you need a deposit?
두 유 니더 디파짓

□ 홍길동입니다. 스펠링은 HONG KILDONG입니다.
honggildongimnida. seupellingeun HONG KILDONGimnida

My name is Kil-dong Hong.
마이 네임 이즈 길동 홍

The spelling is KIL-DONG HONG.
더 스펠링 이즈 KIL-DONG HONG

숙박 호텔 예약

❏ 호텔 스텝의 역할

❶ 회계   **cashier** 캐쉬어
- 요금 정산, 환전, 금고 관리

❷ 레지스트레이션   **registration** 레저스트레이션
- 체크인, 체크아웃

❸ 접수   **reception** 리셉션
- 룸키, 메시지

❹ 안내   **information** 인훠메이션
- 극장, 식당 등의 안내 및 예약, 관광 상담, 편지나 메시지 취급

❺ 포터   **porter** 포터
- 차에서 프런트까지 짐 운반

❻ 도어맨   **doorman** 도어맨
- 현관에서 숙박객의 송영

❼ 벨캡틴   **bell captain** 벨 캡틴
- 벨보이 책임자

❽ 벨보이   **bellboy** 벨보이
- 로비와 객실간의 짐 운반 등

❾ 보이   **valet** 밸릿
- 룸서비스 운반

❿ 룸메이드   **room maid** 룸 메이드
- 침대 정리나 방 청소

* 문의 손잡이에 거는 카드

DO NOT DISTURB
방해하지 마세요

PLEASE MAKE UP
방을 청소해 주세요

UNIT 02

Travel English

호텔 체크인

호텔의 체크인 시간은 보통 오후 2시부터입니다. 호텔 도착 시간이 오후 6시를 넘을 때는 예약이 취소되는 경우도 있으므로 늦을 경우에는 호텔에 도착시간을 전화로 알려두는 것이 좋습니다. 방의 형태, 설비, 요금, 체재 예정 등을 체크인할 때 확인하도록 합시다.

_____ (으)로 부탁합니다.

_____ (eu)ro butakamnida

I'd like a _____ .

아이드 라이커

☐ 조용한 방	joyonghan bang	peaceful room	피스훨 룸
☐ 더 좋은	deo joeun	better room	배러 룸
☐ 전망이 좋은 방	jeonmangi joeun bang	room with a nice view	룸 위더 나이스 뷰

Q: 안녕하세요. 어서 오십시오.

annyeonghaseyo. eoseo osipsio

Hi. May I help you?

하이 메아이 핼퓨

A: 체크인 해 주세요.

chekeuin hae juseyo

I'd like to check in, please.

아이드 라잌 투 첵킨, 플리즈

✈ 프런트에서 체크인할 때

☐ 예약은 하셨습니까?
yeyageun hasyeotseumnikka

Did you have a reservation?
디쥬 해버 레저베이션

☐ 예약했습니다.
yeyakaetseumnida

I have a reservation.
아이 해버 레저베이션

☐ 확인서는 여기 있습니다.
hwaginseoneun yeogi itseumnida

Here is my confirmation slip.
히어리즈 마이 컨휘메이션 슬립

☐ 예약은 한국에서 했습니다.
yeyageun hangugeseo haetseumnida

I made one from Korea.
아이 메이드 원 후럼 코리어

☐ 아직 예약을 하지 않았습니다.
ajik yeyageul haji anatseumnida.

I haven't made a reservation.
아이 해븐 메이더 레저베이션

☐ 오늘밤 빈방은 있습니까?
oneulbam binbangeun itseumnikka

Can I get a room for tonight?
캔아이 게러 룸 휘 투나잇

숙박 호텔 체크인

- 성함을 말씀하십시오.
  seonghameul malsseumhasipsio

  May I have your name?
  메아이 해뷰어 네임

- 숙박 쿠폰을 가지고 있습니다.
  sukbak kuponeul gajigo itseumnida

  I have a travel agency coupon.
  아이 해버 트래벌 에이전시 쿠펀

- 조용한 방으로 부탁합니다.
  joyonghan bangeuro butakamnida

  I'd like a quiet room.
  아이드 라이커 콰이엇 룸

- 전망이 좋은 방으로 부탁합니다.
  jeonmangi joeun bangeuro butakamnida

  I'd like a room with a nice view.
  아이드 라이커 룸 위더 나이스 뷰

- 방을 보여 주세요.
  bangeul boyeo juseyo

  May I see the room?
  메아이 씨 더 룸

- 좀더 좋은 방은 없습니까?
  jomdeo joeun bangeun eopseumnikka

  Do you have anything better?
  두 유 해브 애니씽 배러

❑ 좀더 큰 방으로 바꿔 주시겠어요?
jomdeo keun bangeuro bakkwo jusigesseoyo

Could you give me a larger room?
쿠쥬 기브 미 어 라저 룸

❑ 이 방으로 하겠습니다.
i bangeuro hagetseumnida

I'll take this room.
아일 테익 디스 룸

❑ 숙박카드에 기입해 주십시오.
sukbakkadeue giipae jusipsio

Please fill out the registration card.
플리즈 휠 아웃 더 레지스트레이션 카드

❑ 이게 방 열쇠입니다.
ige bang yeolsoeimnida

Here is your room key.
히어리즈 유어 룸 키

❑ 귀중품을 보관해 주시겠어요?
gwijungpumeul bogwanhae jusigesseoyo

Can you keep my valuables?
캔유 킵 마이 뷀류어블즈

❑ 벨보이가 방으로 안내하겠습니다.
belboiga bangeuro annaehagetseumnida

The bellboy will show you your room.
더 벨보이 윌 쇼우 유 유어 룸

숙박 호텔 체크인

❏ 짐을 방까지 옮겨 주겠어요?
jimeul bangkkaji omgyeo jugesseoyo

Could you bring my baggage?
쿠쥬 브링 마이 배기쥐

❏ 여기가 손님방입니다.
yeogiga sonnimbangimnida

This is your room.
디씨즈 유어 룸

《숙박카드》

	HILL HOTEL GUEST REGISTRATION		
성명	Full name		
	Last First Middle		
자택주소 전화번호	Home Address : Tel :		
여권번호 국적, 나이	Passport No :	Nationality :	Age :
차번호	License Plate Number :		
자동차 메이커 자동차 모델명 연식	Make :	Model :	Year :
서명	Signature :		
호텔측 기입사항	Method of Payment: ☐ Cash $ ☐ Credit Card ☐ Other	Arrival Date : Departure Date : Room No :	
	All of at the Hill Hotel are grateful for your patronage.		

✈ 체크인 트러블

☐ **다시 한번 확인해 주시겠어요?**
dasi hanbeon hwaginhae jusigesseoyo

Would you check again?

우쥬 첵 어게인

*흔히 예약 사항을 재확인할 경우에 I'd like to reconfirm my reservation.이라는 표현을 활용하면 된다. 특히 항공편은 my flight을 사용하면 된다.

☐ **(늦을 경우) 8시에 도착할 것 같습니다.**
yeodeolsie dochakal geot gatseumnida

I'll arrive at your hotel at eight.

아일 어라이브 앳 유어 호텔 앳 에잇

☐ **예약을 취소하지 마세요.**
yeyageul chwisohaji maseyo

Please don't cancel my reservation.

플리즈 돈 캔쓸 마이 레저베이션

☐ **(예약되어 있지 않을 때) 다시 한번 제 예약을 확인해 주십시오.**
dasi hanbeon je yeyageul hwaginhae jusipsio

Check my reservation again, please.

첵 마이 레저베이션 어게인, 플리즈

☐ **방을 취소하지 않았습니다.**
bangeul chwisohaji anatseumnida

I didn't cancel the room.

아이 디든 캔쓸 더 룸

☐ **다른 호텔을 찾으시겠습니까?**
dareun hotereul chajeusigetseumnikka

Would you refer me to another hotel?

우쥬 리훠 미 투 어나더 호텔

숙박 호텔 체크인

UNIT 03

룸서비스

방에 도착하면 짐을 가져다 준 보이에게 팁을 줍니다. 방의 설비에 대해서 모르는 점이 있으면 그때 물어보도록 합시다. 요즘 호텔에서는 자동으로 모닝콜을 하는 곳이 많습니다. 조작을 모를 때는 프론트에 연락을 하고, 서구의 호텔 방에는 슬리퍼가 없으므로 준비해 가도록 합시다.

[
_____ 가져오세요.
_____ gajeooseyo

I'd like _____ .
아이드 라익
]

- □ 커피 두 잔   keopi du jan   **two coffees**   투 커피즈
- □ 신문   sinmun   **newspaper**   뉴즈페이퍼
- □ 병따개   byeongttagae   **a bottle opener**   어 바틀 오프너
- □ 아침식사   achimsiksa   **breakfast**   블렉훠숫

Q : 누구세요?
nuguseyo
Who is it?
후 이짓

A : 룸서비스입니다.
rumseobiseuimnida
Room service.
룸 써비스

✈ 룸서비스를 부탁할 때

❏ 룸서비스를 부탁합니다.
rumseobiseureul butakamnida

Room service, please.
룸 써비스, 플리즈

❏ 내일 아침 8시에 아침을 먹고 싶은데요.
naeil achim yeodeolsie achimeul meokgo sipeundeyo

Breakfast at 8 a.m. tomorrow morning, please.
브렉훠슷 앳 에잇 에이엠 터머로우 모닝, 플리즈

*흔히 모닝콜이라고 하는 표현은 wake-up call이라고 한다.

❏ 여기는 1234호실입니다.
yeogineun cheonibaeksamsipsa hosirimnida

This is Room 1234.
디씨즈 룸 트웰브 써티 휘

❏ (노크하면) 누구십니까?
nugusimnikka

Who is it? (Who's this?)
후 이짓

❏ 잠시 기다리세요.
jamsi gidariseyo

Just a moment, please.
저슷터 모먼, 플리즈

❏ 들어오세요.
deureooseyo

Please, come in.
플리즈, 커민

숙박 룸서비스

✈ 여러 가지 룸서비스

❏ 세탁 서비스는 있습니까?
setak seobiseuneun itseumnikka

Do you have valet service?
두 유 해브 붸잇 써비스

❏ 어느 정도 시간이 걸립니까?
eoneu jeongdo sigani geollimnikka

How long will it take?
하우 롱 윌릿 테익

❏ 도와주시겠어요?
dowajusigesseoyo

Can you give me a hand?
캔 유 깁 미어 핸드

❏ 따뜻한 마실 물이 필요한데요.
ttatteutan masil muri piryohandeyo

I'd like a pot of boiled water.
아이드 라이커 팟 업 보일드 워러

❏ 모닝콜을 부탁합니다.
moningkoreul butakamnida

I'd like a wake-up call, please.
아이드 라이커 웨이컵 콜, 플리즈

❏ 몇 시에 말입니까?
myeot sie marimnikka

What time?
왓 타임

- ❒ 7시에 부탁합니다.
  ilgopsie butakamnida

  7 o'clock tomorrow morning.

  세븐 어클락 터머로우 모닝

- ❒ 방 번호를 말씀하십시오.
  bang beonhoreul malsseumhasipsio

  Your room number, please.

  유어 룸 넘버, 플리즈

- ❒ 한국으로 전화를 하고 싶은데요.
  hangugeuro jeonhwareul hago sipeundeyo.

  I'd like to make a phone call to Korea.

  아이드 라잌 투 메이커 폰 콜 투 코리어

- ❒ 마사지를 부탁합니다.
  masajireul butakamnida

  I'd like a massage, please.

  아이드 라이커 머사쥐, 플리즈

- ❒ 식당 예약 좀 해 주시겠어요?
  sikdang yeyak jom hae jusigesseoyo

  Would you make a reservation for a restaurant for me?

  우쥬 메이커 레저베이션 훠러 레스터런 훠 미

- ❒ 이건 팁입니다.
  igeon tibimnida

  Here's your tip.

  히어즈 유어 팁

  *일반적으로 계산을 하고 난 다음, 잔돈을 팁으로 주고자할 때 Keep the change.라는 표현을 사용한다.

숙박 룸서비스

UNIT 04 — Travel English

호텔시설 이용하기

호텔 내의 시설이나 설비, 서비스 내용은 체크인할 때 확인해두도록 합시다. 예약이나 트러블, 문의 사항은 대부분 프런트 데스크에 부탁하면 해결을 해주지만, 클리닝, 룸서비스 등의 내선번호는 방에 준비되어 있는 안내서에 적혀 있습니다.

[
호텔 안에 _____ 은(는) 있습니까?
hotel ane _____ eun(neun) itseumnikka

Do you have a _____ in the hotel?
두 유 해버 인 더 호텔
]

- 선물가게   seonmulgage   **gift shop**   깁 샵
- 미용실   miyongsil   **hair salon**   헤어 설런
- 이발소   ibalso   **barbershop**   바버샵
- 디스코   diseuko   **disco**   디스코

Q: 호텔에는 어떤 시설이 있습니까?
hotereneun eotteon siseori itseumnikka
What kind of facilities are there in the hotel?
왓 카인돕 휘실러티즈 아 데어린 더 호텔

A: 거의 모두 다 있습니다.
geoui modu da itseumnida
Everything you could possibly want.
애브리씽 유 쿠드 파써블리 원

✈ 시설물을 물을 때

- 자판기는 있습니까?
  japangineun itseumnikka

  Is there a vending machine?
  이즈 데어러 벤딩 머신

- 식당은 어디에 있습니까?
  sikdangeun eodie itseumnikka

  Where is the dining room?
  웨어리즈 더 다이닝 룸

- 식당은 몇 시까지 합니까?
  sikdangeun myeot sikkaji hamnikka

  How late is the dining room open?
  하우 레이티즈 더 다이닝 룸 오픈

- 이 호텔에 테니스코트는 있습니까?
  i hotere teniseukoteuneun itseumnikka

  Is there a tennis court at this hotel?
  이즈 데어러 테니스 콧 앳 디스 호텔

- 커피숍은 어디에 있습니까?
  keopisyobeun eodie itseumnikka

  Where's the coffee shop?
  웨어즈 더 커피 샵

- 바는 언제까지 합니까?
  baneun eonjekkaji hamnikka

  How late is the bar room open?
  하우 레이티즈 더 바 룸 오픈

숙박 호텔시설 이용하기

❏ 가라오케는 어디서 할 수 있나요?
garaokeneun eodiseo hal su innayo

Where can I sing karaoke?
웨어 캔아이 씽 캐러오키

❏ 이메일을 체크하고 싶은데요.
imeireul chekeuhago sipeundeyo

I want to check my e-mail.
아이 원 투 첵 마이 이메일

❏ 팩스는 있습니까?
paekseuneun itseumnikka

Do you have a fax machine?
두 유 해버 팩스 머신

❏ 복사기는 있습니까?
boksagineun itseumnikka

Do you have a duplicator?
두 유 해버 듀플리게이더

❏ 여기서 관광버스 표를 살 수 있습니까?
yeogiseo gwangwangbeoseu pyoreul sal su itseumnikka

Can I get a ticket for the sightseeing bus here?
캔아이 게러 티킷 훠 더 싸잇씽 버스 히어

❏ 계산은 방으로 해 주세요.
gyesaneun bangeuro hae juseyo

Will you charge it to my room?
윌 유 챠지 잇 투 마이 룸

✈ 세탁

❏ 세탁서비스는 있나요?
setakseobiseuneun innayo

Do you have laundry service?
두 유 해브 론드리 서비스

❏ 세탁을 부탁합니다.
setageul butakamnida

I'd like to drop off some laundry.
아이드 라잌 투 드랍 옵 썸 론드리

❏ 언제 됩니까?
eonje doemnikka

When will it be ready?
웬 윌릿 비 래디

❏ 빨리 해 주시겠어요?
ppalli hae jusigesseoyo

Could you do it as soon as possible, please?
쿠쥬 두 잇 애즈 순 애즈 파써블, 플리즈

❏ 이 얼룩을 빼 주겠어요?
i eollugeul ppae jugesseoyo

Can you get this stain out?
캔 유 겟 디스 스테인 아웃

❏ 이 와이셔츠를 다려 주세요.
i waisyeocheureul daryeo juseyo

I'd like these shirt pressed.
아이드 라잌 디즈 셔츠 프레스트

숙박 호텔시설 이용하기

✈ 미용실에서

❏ **미용실(이발소)은 있습니까?**
miyongsireun(ibalsoneun) itseumnikka

Is there a beauty salon(barbershop)?
이즈 데어러 뷰티 설런(바버샵)

❏ **오늘 오후에 예약할 수 있습니까?**
oneul ohue yeyakal su itseumnikka

Can I make an appointment for the afternoon?
캔아이 메이컨 어포인먼 풔 디 앱터눈

❏ **(헤어스타일을) 어떻게 할까요?**
eotteoke halkkayo

How would you like your hair?
하우 우쥬 라이큐어 헤어

❏ **샴푸와 세트를 부탁합니다.**
syampuwa seteureul butakamnida

Shampoo and set, please.
샘푸 앤 셋, 플리즈

❏ **커트와 샴푸만 해 주세요.**
keoteuwa syampuman hae juseyo

Haircut and shampoo, please.
헤어컷 앤 샘푸, 플리즈

❏ **가볍게 파마를 해 주세요.**
gabyeopge pamareul hae juseyo

A soft permanent, please.
어 숖트 퍼머넌, 플리즈

✈ 이발소에서

❏ 커트와 면도를 부탁합니다.
keoteuwa myeondoreul butakamnida

Haircut and shave, please.
헤어컷 앤 쉐이브, 플리즈

❏ 조금만 깎아 주세요.
jogeumman kkakka juseyo

Just trim it, please.
저슷 트리밋, 플리즈

❏ 짧게 깎아 주세요.
jjalge kkakka juseyo

Cut it short, please.
커릿 숏 플리즈

❏ 너무 짧게 하지 마세요.
neomu jjalge haji maseyo

Please don't cut it too short.
플리즈 돈 커릿 투 숏

❏ 뒤를 조금 잘라 주세요.
dwireul jogeum jalla juseyo

A little more off the back.
어 리틀 모어 오프 더 백

❏ 옆을 조금 잘라 주세요.
yeopeul jogeum jalla juseyo

A little more off the sides.
어 리틀 모어 오프 더 사이즈

숙박 호텔시설 이용하기

UNIT 05 Travel English
호텔에서의 전화·우편

국제전화는 호텔에서 다이얼로 직접 거는 방법 이외에 오퍼레이터를 통해서 번호지정통화, 지명통화, 컬렉트콜 등을 이용할 수 있습니다. 국제자동전화를 이용할 때는 여행국의 국제자동전화 식별번호 ⇨ 우리나라의 국가번호(82) ⇨ 국가내의 지역번호(숫자 0은 생략) ⇨ 가입자의 번호 순으로 다이얼을 돌리면 됩니다.

_____ (으)로 부탁합니다.
_____ (eu)ro butakamnida

By _____, please.
바이 _____, 플리즈

- □ 번호통화   beonhotonghwa   station-to-station call   스테인션 투 스테이션 콜
- □ 지명통화   jimyeongtonghwa   person-to-person call   퍼슨 투 퍼슨 콜
- □ 컬렉트콜   keollekteukol   collect call   컬렉트 콜

Q: 한국으로 전화를 하고 싶은데요.
hangugeuro jeonhwareul hago sipeundeyo
I'd like to make a phone call to Korea.
아이드 라일 투 메이커 폰 콜 투 코리어

A: 몇 번입니까?
myeot beonimnikka
What's the number?
왓츠 더 넘버

전화를 이용할 때

□ (교환수) 누구를 불러 드릴까요?
nugureul bulleo deurilkkayo

To whom are you calling?
투 훔 아 유 콜링

□ (교환수) 당신의 이름과 호실을 말씀하십시오.
dangsinui ireumgwa hosireul malsseumhasipsio

Your name and room number, please.
유어 네임 앤 룸 넘버, 플리즈

□ (교환수) 그대로 기다리십시오.
geudaero gidarisipsio

Hold on, please.
홀돈, 플리즈

□ (교환수) 전화를 끊고 기다려 주십시오.
jeonhwareul kkeunko gidaryeo jusipsio

Please hang up and wait.
플리즈 행업 앤 웨잇

□ (교환수) 자 말씀하십시오.
ja malsseumhasipsio

Go ahead, please.
고 어헤드, 플리즈

□ (교환수) 통화중입니다.
tonghwajungimnida

The line is busy.
더 라인 이즈 비지

숙박 호텔에서 전화·우편

❏ (교환수) 응답이 없습니다.
eungdabi eopseumnida

There's no answer.
데어즈 노 앤써

❏ 외선으로 전화하려면 어떻게 하나요?
oeseoneuro jeonhwaharyeomyeon eotteoke hanayo

How do I make an outside call?
하우 두 아이 메이컨 아웃사이드 콜

❏ 방에서 한국으로 전화할 수 있나요?
bangeseo hangugeuro jeonhwahal su innayo

Can I make a call to Korea from my room?
캔아이 메이커 콜 투 코리아 후럼 마이 룸

❏ 한국으로 팩스를 보내고 싶은데요.
hangugeuro paekseureul bonaego sipeundeyo

I'd like to send a fax to Korea.
아이드 라잌 투 샌더 팩스 투 코리아

❏ (공중전화에서) 이 전화는 한국에 걸립니까?
i jeonhwaneun hanguge geollimnikka

Can I call Korea with this telephone?
캔아이 콜 코리어 위드 디스 텔러폰

❏ 전화요금은 얼마입니까?
jeonhwayogeumeun eolmaimnikka

How much was the charge?
하우 머치 워즈 더 차지

✈ 편지를 보낼 때

☐ 이 근처에 우체국은 있습니까?
　 i geuncheoe uchegugeun itseumnikka

　 Is there a post office near here?
　 이즈 데어러 포슷 오피스 니어 히어

☐ 우표는 어디서 살 수 있나요
　 upyoneun eodiseo sal su innayo

　 Where can I buy stamps?
　 웨어 캔아이 바이 스템스

☐ 우표 자판기는 어디에 있습니까?
　 upyo japangineun eodie itseumnikka

　 Where's a stamp vending machine?
　 웨어저 스템 벤딩 머신

☐ 한국까지 항공편으로 보내 주세요.
　 hangukkkaji hanggongpyeoneuro bonae juseyo

　 By airmail to Korea, please.
　 바이 에어메일 투 코리어, 플리즈

☐ 이 소포를 한국으로 보내고 싶은데요.
　 i soporeul hangugeuro bonaego sipeundeyo

　 I'd like to send this parcel to Korea.
　 아이드 라잌 투 샌드 디스 파쓸 투 코리어

☐ 이 편지를 부쳐 주세요.
　 i pyeonjireul bucheo juseyo

　 Please send this letter.
　 플리즈 센드 디스 래러

숙박 · 호텔에서 전화 · 우편

UNIT Travel English

06 호텔에서의 트러블

호텔 방이 100% 안전하다고 과신해서는 안 됩니다. 비품이 제대로 갖추어져 있지 않거나 불의의 사고로 다치거나, 종업원을 가장해 방에 들어와 물건을 훔치는 경우도 적지 않습니다. 문제가 발생했을 때는 그냥 넘어가지 말고 반드시 프런트 데스크에 연락을 통해 해결하도록 합시다.

[
_____ (이)가 고장 났습니다.
_____ (i)ga gojang natseumnida

The _____ doesn't work.
더   더즌 웍
]

- 열쇠   yeolsoe   **key**   키
- 에어컨   eeokeon   **air-conditioner**   에어 컨디셔너
- 수도꼭지   sudokkokji   **faucet**   훠씻
- 히터   hiteo   **heater**   히터

Q: 잠깐 와 주시겠어요?
jamkkan wa jusigesseoyo

Could you send someone up to my room?
쿠쥬 샌드 썸원 업 투 마이 룸

A: 네, 무슨 일이십니까?
ne, museun irisimnikka

Sure, what's the problem.
슈어, 왓츠 더 프라블럼

✈ 방에 들어갈 수 없을 때

☐ 마스터키를 부탁합니다.
maseuteokireul butakamnida

The master key, please.
더 마스터 키, 플리즈

☐ 열쇠가 잠겨 방에 들어갈 수 없습니다.
yeolsoega jamgyeo bange deureogal su eopseumnida

I locked myself out.
아이 락트 마이셀프 아웃

☐ 열쇠를 방에 두고 나왔습니다.
yeolsoereul bange dugo nawatseumnida

I left the key in my room.
아이 랩트 더 키 인 마이 룸

☐ 방 번호를 잊어버렸습니다.
bang beonhoreul ijeobeoryeotseumnida

I forgot my room number.
아이 횟갓 마이 룸 넘버

☐ 카드키는 어떻게 사용합니까?
kadeukineun eotteoke sayonghamnikka

How do I use the card key?
하우 두 아이 유즈 더 카드 키

☐ 복도에 이상한 사람이 있습니다.
bokdoe isanghan sarami itseumnida

There is a strange person in the corridor.
데어리저 스트레인쥐 퍼슨 인 더 코리더

숙박 호텔에서의 트러블

✈ 방을 바꿔달라고 할 때

☐ 옆방이 무척 시끄럽습니다.
yeopbangi mucheok sikkeureopseumnida

The next room is very noisy.

더 넥슷 룸 이즈 베리 노이지

☐ (시끄러워서) 잠을 잘 수 없습니다.
jameul jal su eopseumnida

I can't sleep.

아이 캔 슬립

☐ 다른 방으로 바꿔 주시겠어요?
dareun bangeuro bakkwo jusigesseoyo

Could you give me a different room.

쿠쥬 깁 미 어 디퍼런 룸

✈ 수리를 원할 때

☐ 화장실 물이 잘 흐르지 않습니다.
hwajangsil muri jal heureuji anseumnida

This toilet doesn't flush well.

디스 토일릿 더즌 플러쉬 웰

☐ 뜨거운 물이 나오지 않는데요.
tteugeoun muri naoji anneundeyo

There's no hot water.

데어즈 노 핫 워러

☐ 물이 샙니다.
muri saemnida

The water is leaking.

디 워러 이즈 리킹

- 수도꼭지가 고장났습니다.
  sudokkokjiga gojangnatseumnida

  The faucet is broken.
  더 훠씻 이즈 브로큰

- 빨리 고쳐주세요.
  ppalli gocheojuseyo

  Could you fix it now?
  쿠쥬 획싯 나우

- 물이 뜨겁지 않습니다.
  muri tteugeopji anseumnida

  The water isn't hot enough.
  더 워러 이즈 핫 이넢

✈ 청소·비품이 없을 때

- 방 청소가 아직 안 되었습니다.
  bang cheongsoga ajik an doeeotseumnida

  My room hasn't been cleaned yet.
  마이 룸 해즌 빈 클린드 옛

- 미니바(방 냉장고)가 비어 있습니다.
  minibaga bieo itseumnida

  The mini-bar is empty.
  더 미니-바 이즈 앰티

- 타월을 바꿔 주세요.
  taworeul bakkwo juseyo

  Can I get a new towel?
  캔아이 게러 뉴 타월

UNIT 07

Travel English

체크아웃

아침 일찍 호텔을 떠날 때는 가능하면 전날 밤 짐을 꾸려 다음날 아침 짐을 가지러 오도록 미리 벨캡틴에게 부탁해두면 좋습니다. 택시를 부르거나 공항버스 시각을 알아 두고 체크아웃 예약도 전날 밤 해두면 편하게 출발할 수 있습니다. 방을 나갈 때는 잃은 물건이 없는지 확인하도록 합시다.

이 _____ 은(는) 무엇입니까?
i _____ eun(neun) mueosimnikka

What is this_____?
왓 이즈 디스

☐ 요금	yogeum	charge for	차지 풔
☐ 숫자	sutja	figure	휘겨
☐ 추가요금	chugayogeum	additional charge for	어디셔널 차지 풔

Q: 체크아웃을 부탁합니다.
chekeuauseul butakamnida

I'd like to check out now.
아이드 라잌 투 첵카웃 나우

A: 몇 호실입니까?
myeot hosirimnikka

What's your room number?
왓츄어 룸 넘버

✈ 체크아웃을 준비할 때

❏ 체크아웃은 몇 시입니까?
chekeuauseun myeot siimnikka

When is check out time?
웨니즈 첵카웃 타임

❏ 몇 시에 떠날 겁니까?
myeot sie tteonal geomnikka

What time are you leaving?
왓 타임 아 유 리빙

❏ 하룻밤 더 묵고 싶은데요.
harutbam deo mukgo sipeundeyo

I'd like to stay one more night.
아이드 라잌 투 스테이 원 모어 나잇

❏ 하루 일찍 떠나고 싶은데요.
haru iljjik tteonago sipeundeyo

I'd like to leave one day earlier.
아이드 라잌 투 리브 원 데이 어얼리어

❏ 오후까지 방을 쓸 수 있나요?
ohukkaji bangeul sseul su innayo

May I use the room till this afternoon?
메아이 유즈 더 룸 틸 디스 앱터눈

❏ 오전 10시에 택시를 불러 주세요.
ojeon yeolsie taeksireul bulleo juseyo

Please call a taxi for me at 10 a.m.
플리즈 콜어 택시 훠 미 앳 텐 에이엠

숙박 체크아웃

✈ 체크아웃

☐ (전화로) 체크아웃을 하고 싶은데요.
chekeuauseul hago sipeundeyo

Check out, please.
첵카웃, 플리즈

☐ 1234호실 홍길동입니다.
cheonibaeksamsipsa hosil honggildongimnida

My name is Kil-dong Hong, Room 1234.
마이 네임 이즈 길동 홍, 룸 트웰브 써티 휘

☐ 포터를 보내 주세요.
poteoreul bonae juseyo

A porter, please.
어 포터, 플리즈

☐ 맡긴 귀중품을 꺼내 주세요.
matgin gwijungpumeul kkeonae juseyo

I'd like my valuables from the safe.
아이드 라잌 마이 밸류어블즈 후럼 더 세잎

☐ 출발할 때까지 짐을 맡아 주시겠어요?
chulbalhal ttaekkaji jimeul mata jusigesseoyo

Could you keep my baggage until my departure time?
쿠쥬 킵 마이 배기쥐 언틸 마이 디파춰 타임

☐ 방에 물건을 두고 나왔습니다.
bange mulgeoneul dugo nawatseumnida

I left something in my room.
아이 랩트 썸씽 인 마이 룸

✈ 계산을 할 때

□ **계산을 부탁합니다.**
gyesaneul butakamnida

My bill, please.

마이 빌, 플리즈

*흔히 카운터나 계산대에서 계산을 요구할 때 Check out, please. / Accounts, please. / Check, please.라는 말을 사용한다.

□ **신용카드도 됩니까?**
sinyongkadeudo doemnikka

Do you accept a credit card?

두 유 액셉터 크레딧 카드

□ **여행자수표도 받습니까?**
yeohaengjasupyodo batseumnikka

Do you accept a traveler's checks?

두 유 액셉터 트래벌러즈 첵스

□ **전부 포함된 겁니까?**
jeonbu pohamdoen geomnikka

Is everything included?

이즈 애브리씽 인클루딧

□ **계산이 틀린 것 같은데요.**
gyesani teullin geot gateundeyo

I think there is a mistake on this bill.

아이 씽 데어리즈 어 미스테익 온 디스 빌

□ **고맙습니다. 즐겁게 보냈습니다.**
gomapseumnida. jeulgeopge bonaetseumnida

Thank you. I enjoyed my stay.

땡큐.   아이 인조이드 마이 스테이

숙박 체크아웃

호텔에서 볼 수 있는 게시판

ENTRANCE	입구
EXIT / WAY OUT	출구
CLOAKROOM	휴대품 보관소
ANNEX	별관
GENTLEMAN / MEN	남자 화장실
LADIES / WOMEN	여자 화장실
CASHIER	현금 출납원
MAKE UP ROOM	방 청소 중
REGISTRATION / FRONT DESK	접수처
EMERGENCY EXIT / FIRE EXIT	비상구
EMPLOYEES ONLY	관계자 외 출입금지
DO NOT DISTURB	면회사절
DINING ROOM	식당
COFFEE SHOP	커피숍
TOURIST HOTEL	관광호텔
MAID	메이드
MANAGER	지배인
LOBBY	로비

PART 4

식사

식당 찾기 · 예약하기
식사 주문
식사를 하면서
술집에서
식당에서의 트러블
패스트푸드점에서
식비 · 술값 계산

식사에 관한 정보

➤ 맛있는 레스토랑 찾는 법

맛있는 식당을 찾으려면 우선 그 고장에서 사는 사람에게 물어보는 게 최고이다. 가이드북에 소개된 관광객이 많이 가는 가게는 가끔 좋지 않은 경우가 있다. 한 번밖에 오지 않는 관광객을 많이 상대하고 있는 레스토랑은 그다지 맛이나 서비스에 신경을 쓰지 않기 때문이다.

메뉴가 칠판 등에 적혀있는 가게도 맛있다. 그런 가게는 대부분 큰 길거리에서 조금 들어간 뒷골목에 많다.

➤ 식사의 예약

한국에서는 예약을 필요로 하는 레스토랑은 아주 적지만 서구에서는 중류 이상의 레스토랑이면 예약하는 것이 보통이다. 그렇지 않으면 갑자기 배가 고파서 가게에 들어가더라도 오랜 시간 기다려야 한다.

호텔에 체류하고 있을 경우에는 호텔 내의 투어 데스크 등에서도 예약을 대신해주지만 가능한 한 직접 해보도록 하자. 만일 예약하지 않고 레스토랑에 갔을 경우는 입구에서 예약을 한다. 레스토랑에 따라서는 대기실이 있는 곳도 있는데 거기서 가만히 기다리고 있다가는 영원히 식사를 할 수가 없다. 반드시 이름과 인원을 일러두어야 한다. 그러면 자리가 나는 대로 이름을 부르고 안내해 준다.

➤ 복장

고급 식당이나 호텔 식당 등의 고급 음식점에 출입할 때에는 복장에 주의해야 한다. 고급스런 옷을 입는 것이 자기 자신을 위한 것 뿐 아니라, 타인들에게 예를 갖추는 것이라 생각하고 준비해야 할 것이다.

➤ 식당에 들어가서

식당에 들어섰을 때에는 빈자리가 있다 하더라도 기다렸다가 웨이터의 안내를 받아 자리에 앉아야 한다. 코트를 입고 있었다면 벗어서 웨이터에게 맡기고 웨이터가 표를 주면 보관하였다가 나올 때 찾으면 된다. 의자에 앉을 때에는 여성이 먼저 앉도록 도와주며, 식탁 위에 핸드백을 올려놓지 않도록 한다.

✈ 주문하기

메뉴는 천천히 훑어보고 시키고, 음식에 대해 잘 모를 경우 웨이터에게 물어보고 결정하도록 한다.

✈ 식사 예절

음식이 오기 전에 테이블 위의 냅킨을 무릎에 올려놓고 음식을 기다리기로 한다. 식사는 천천히 대화를 나누면서 하되, 큰 소리로 떠들지 않도록 한다. 또한 먹는 소리나 그릇 소리를 내는 것도 실례가 되므로 유의하도록 하고, 식기를 손에 들고 큰 행동을 하며 이야기하지 않도록 한다. 식사 중 음료를 마시기 위해서라든지 잠시 쉴 경우는 나이프와 포크를 접시 양쪽에 걸쳐놓도록 하고, 식사가 끝나면 합쳐서 접시 위에 놓도록 한다. 포크나 나이프를 떨어뜨렸을 경우에는 스스로 집지 말고 웨이터에게 말하여 가져다주는 새 것을 쓰도록 한다.

✈ 음식을 먹을 때

빵은 왼쪽에 놓여있는 것이 자기 것이고, 빵을 먹을 때에는 손으로 조금씩 떼어서 버터나 잼을 발라서 먹도록 한다. 그리고 식탁 위에 놓여져 있는 소금, 후추 등의 조미료를 집으려 할 때, 멀리 놓여져 있다면 손을 뻗치지 말고 옆 사람에게 부탁을 하도록 한다. 메인 디쉬가 끝날 때까지 담배는 피우지 않는 것이 예의이며, 이후에도 재떨이 가 없는 경우에는 피우지 않는 것이 좋다. 와인이나 맥주 등을 따를 때에는 잔을 테이블에 놓은 채 따라야 하고, 잔을 주고받는 것은 예의에 어긋나는 행동이다. 또한 건배용 샴페인은 술을 못 마시는 사람이라도 사양하지 말고 받아두는 것이 예의이다.

✈ 식사가 끝난 후

식사가 끝난 후에는 냅킨으로 입술이나 손끝 정도를 가볍게 닦으며 손수건처럼 아무데나 사용하면 안 된다. finger bowl에 대해서도 알아두는 것이 좋다. finger bowl은 디저트가 나오기 전에 나오는 물이 담긴 그릇으로 finger bowl이 나왔을 경우, 손가락 끝만 살짝 담그도록 한다. 손등을 씻거나 모르고 마시는 일은 없어야 한다. 우리 문화와는 달리 식사 후 이쑤시개를 사용하는 것은 불쾌감을 주므로 삼가야 한다. 또한 나라별로 코를 푼다든지, 재채기를 하는 것이 매우 예의에 벗어나는 행동일 수도 있으니 잘 알고 행동하기로 한다.

UNIT 01 Travel English

식당 찾기 · 예약하기

시내의 관광안내소나 호텔의 인포메이션에서는 가고 싶은 레스토랑 가이드를 받을 수 있습니다. 보통 이상의 레스토랑에서 식사를 할 경우 예약을 하고 가야하며, 복장도 신경을 쓰는 게 좋습니다. 또한 현지인에게 인기가 있는 레스토랑은 가격도 적당하고 맛있는 가게가 많습니다.

[
가장 가까운 _____ 식당은 어디입니까?

gajang gakkaun _____ sikdangeun eodiimnikka

Where is the nearest _____ restaurant?

웨어리즈 더 니어리스트 _____ 레스터런
]

☐ 한국	hanguk	Korean	코리언
☐ 일본	ilbon	Japanese	재퍼니즈
☐ 중국	jungguk	Chinese	차이니즈
☐ 프랑스	peurangseu	French	후렌취

Q : 예약이 필요합니까?

yeyagi piryohamnikka

Do we need a reservation?

두 위 니더 레저베이션

A : 아니오. 그냥 오셔도 됩니다.

anio. geunyang osyeodo doemnida

No, sir. Walk right in.

노, 써 웍 라이틴

식당을 찾을 때

□ 이 근처에 맛있게 하는 음식점은 없습니까?
i geuncheoe masitge haneun eumsikjeomeun eopseumnikka

Is there a good restaurant around here?
이즈 데어러 굿 레스터런 어롸운 히어

□ 이곳에 한국 식당은 있습니까?
igose hanguk sikdangeun itseumnikka?

Do you have a Korean restaurant?
두 유 해버 코리언 레스터런

□ 이 지방의 명물요리를 먹고 싶은데요.
i jibangui myeongmuryorireul meokgo sipeundeyo

I'd like to have a some local food.
아이드 라잌 투 해버 썸 로컬 푸드

□ 음식을 맛있게 하는 가게가 있으면 가르쳐 주세요.
eumsigeul masitge haneun gagega isseumyeon gareucheo juseyo

Could you recommend a popular restaurant?
쿠쥬 리커멘더 파퓰러 레스터런

□ 싸고 맛있는 가게는 있습니까?
ssago masinneun gageneun itseumnikka

Do you know a nice, reasonably-priced restaurant?
두 유 노우 어 나이스, 리즈너블리-프라이스트 레스터런

□ 가볍게 식사를 하고 싶은데요.
gabyeopge siksareul hago sipeundeyo

I'd like to have a light meal.
아이드 라잌 투 해버 라잇 밀

식사 | 식당찾기 · 예약하기

❏ 이 시간에 문을 연 가게는 있습니까?
i sigane muneul yeon gageneun itseumnikka

Is there a restaurant open at this time?
이즈 데어러 레스터런 오픈 앳 디스 타임

❏ (책을 보이며) 이 가게는 어디에 있습니까?
i gageneun eodie itseumnikka

Where is this restaurant?
웨어리즈 디스 레스터런

❏ 이 지도 어디에 있습니까?
i jido eodie itseumnikka

Would you show me on this map?
우쥬 쇼우 미 온 디스 맵

❏ 걸어서 갈 수 있습니까?
georeoseo gal su itseumnikka

Can I get there on foot?
캔아이 겟 데어론 풋

❏ 몇 시부터 엽니까?
myeot sibuteo yeomnikka

What time does it open?
왓 타임 더짓 오픈

❏ 조용한 분위기의 레스토랑이 좋겠습니다.
joyonghan bunwigiui reseutorangi joketseumnida

I'd like a quiet restaurant.
아이드 라이커 콰이엇 레스터런

- 붐비는 레스토랑이 좋겠습니다.
  bumbineun reseutorangi joketseumnida

  I'd like a restaurant with a cheerful atmosphere.
  아이드 라이커 레스터런 위더 치어휠 앳머스휘어

- 식당이 많은 곳은 어디입니까?
  sikdangi maneun goseun eodiimnikka

  Where is the main area for restaurants?
  웨어리즈 더 메인 에어리어 훠 레스터런츠

- 로마라는 이탈리아 식당을 모릅니까?
  romaraneun itallia sikdangeul moreumnikka

  Do you know an Italian restaurant called Roma?
  두 유 노우 언 이탤리언 레스터런 콜드 롬

- 이곳 사람들이 많이 가는 식당은 있습니까?
  igot saramdeuri mani ganeun sikdangeun itseumnikka

  Are there any restaurant where mostly local people go?
  아데어 애니 레스터런 웨어 모스틀리 로우컬 피플 고우

- 예약이 필요한가요?
  yeyagi piryohangayo

  Do we need a reservation?
  두 위 니더 레저베이션

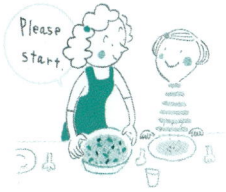

식당 예약할 때

□ 그 레스토랑을 예약해 주세요.
geu reseutorangeul yeyakae juseyo

Make a reservation for the restaurant, please.
메이커 레저베이션 훠 더 레스터런, 플리즈

□ 여기서 예약할 수 있나요?
yeogiseo yeyakal su innayo

Can we make a reservation here?
캔 위 메이커 레저베이션 히어

□ 오늘밤 예약하고 싶은데요.
oneulbam yeyakago sipeundeyo

I'd like to make a reservation for tonight.
아이드 라잌 투 메이커 레저베이션 훠 투나잇

□ (주인) 손님은 몇 분이십니까?
sonnimeun myeot bunisimnikka

How large is your party?
하우 라쥐 이쥬어 파리?

□ 오후 6시 반에 5명이 갑니다.
ohu yeoseotsi bane daseonmyeongi gamnida

Five people at 6:30 p.m.
화이브 피플 앳 식스 써리 피엠

□ 전원 같은 자리로 해 주세요.
jeonwon gateun jariro hae juseyo.

We'd like to have a table together.
위드 라잌 투 해버 테이블 투게더

- 거기는 어떻게 갑니까?
geogineun eotteoke gamnikka

How can I get there?
하우 캔 아이 겟 데어

- (주인) 몇 시라면 좋으시겠습니까?
myeot siramyeon joeusigetseumnikka

What times are available?
왓 타임즈 알 어베일러블

- 몇 시라면 자리가 납니까?
myeot siramyeon jariga namnikka

What time can we reserve a table?
왓 타임 캔 위 리저버 테이블

- 복장에 규제는 있습니까?
bokjange gyujeneun itseumnikka

Is there a dress code?
이즈 데어러 드레스 코드

- 금연(흡연)석으로 부탁합니다.
geumyeon(heubyeon)seogeuro butakamnida

We'd like a non-smoking(smoking) table.
위드 라이커 난-스모킹(스모킹) 테이블

- 미안합니다. 예약을 취소하고 싶습니다.
mianhamnida. yeyageul chwisohago sipseumnida

I'm sorry, but I want to cancel my reservation.
아임 쏘리, 버라이 원 투 캔쓸 마이 레저베이션

식사

식당찾기·예약하기

UNIT 02

Travel English

식사 주문

레스토랑에 도착하면 입구에서 예약한 경우에는 이름을 말하고 안내를 기다리며, 테이블 세팅이 될 때까지 기다릴 경우에는 웨이팅 바에서 술을 마시면서 기다리는 것도 좋습니다. 의자에 앉을 때는 여성이 안쪽으로 앉도록 하고 테이블에 앉은 후에는 디저트가 나올 때까지 담배는 삼가는 것이 에티켓입니다.

_____ 드레싱을 주세요.

_____ deuresingeul juseyo

_____ **dressing, please.**

드레씽, 플리즈

☐ 프렌치	peurenchi	**French**	후렌취
☐ 이탈리안	itallian	**Italian**	이탤리언
☐ 싸우전 아일랜드	ssaujeon aillaendeu	**Thousand Island**	싸우전드 아일런
☐ 블루치즈	beulluchijeu	**Blue Cheese**	블루 치즈

Q: 주문하시겠습니까?

jumunhasigetseumnikka

Are you ready to order?

아 유 래디 투 오더

A: 아직 정하지 않았습니다.

ajik jeonghaji anatseumnida

Not yet.

낫 옛

자리에 앉을 때까지

☐ 안녕하세요. 예약은 하셨습니까?
annyeonghaseyo. yeyageun hasyeotseumnikka

Good evening. Do you have a reservation?
굿 이브닝.　　　두 유 해버 레저베이션

☐ 6시에 예약한 홍길동입니다.
yeoseotsie yeyakan honggildongimnida

My name is Kil-dong Hong. I have a reservation at six.
마이 네임 이즈 길동 홍.　　　아이 해버 레저베이션 앳 식쓰

☐ 예약을 하지 않았습니다.
yeyageul haji anatseumnida

We don't have a reservation.
위 돈 해버 레저베이션

☐ 몇 분이십니까?
myeot bunisimnikka

How many in your party?
하우 메니 인 유어 파리

☐ 안내해드릴 때까지 기다려 주십시오.
annaehaedeuril ttaekkaji gidaryeo jusipsio

Please wait to be seated.
플리즈 웨잇 투 비 씨티드

☐ 조용한 안쪽 자리로 부탁합니다.
joyonghan anjjok jariro butakamnida

We'd like to have a table in a quiet corner.
위드 라잌 투 해버 테이블 이너 콰이엇 코너

식사

식사 주문

✈ 메뉴를 볼 때

□ 메뉴 좀 보여 주세요.
menyu jom boyeo juseyo

May I see the menu?
메아이 씨 더 메뉴

□ 한국어 메뉴는 있습니까?
hangugeo menyuneun itseumnikka

Do you have a menu in Korean?
두 유 해버 메뉴 인 코리언

□ 메뉴에 대해서 가르쳐 주세요.
menyue daehaeseo gareucheo juseyo

Would you help me with this menu?
우쥬 핼프 미 위드 디스 메뉴

□ 이 지방의 명물요리는 있습니까?
i jibangui myeongmuryorineun itseumnikka

Do you have any local dishes?
두 유 해버니 로우컬 디쉬즈

□ 무엇을 권하시겠습니까?
mueoseul gwonhasigetseumnikka

What do you recommend?
왓 두 유 레커멘

□ 나중에 다시 오실래요?
najunge dasi osillaeyo

Could you come back later?
쿠쥬 컴 백 래이러

✈ 주문할 때

□ (웨이터) 주문하시겠습니까?
jumunhasigetseumnikka

Are you ready to order?
아 유 래디 투 오더

*May I take your order?는 웨이터가 주문을 받을 때의 공손한 표현법이다.

□ 잠깐 기다려 주세요.
jamkkan gidaryeo juseyo

We need a little more time.
위 니더 리를 모어 타임

□ (웨이터를 부르며) 주문받으세요.
jumunbadeuseyo

We are ready to order.
위 아 래디 투 오더

□ (웨이터) 술은 무엇으로 하시겠습니까?
sureun mueoseuro hasigetseumnikka

What would you like to drink?
왓 우쥬 라익 투 드링

□ 이것으로 부탁합니다.
igeoseuro butakamnida

I'll take this one.
아일 테익 디스 원

□ 여기서 잘하는 요리는 무엇입니까?
yeogiseo jalhaneun yorineun mueosimnikka

What is the specialty of the house?
와리즈 더 스페셜티 옵 더 하우스

식사 / 식사 주문

❏ 오늘 특별 요리는 무엇입니까?
oneul teukbyeol yorineun mueosimnikka

Do you have today's special?
두 유 해브 투데이즈 스페셜

❏ (메뉴를 가리키며) 이것과 이것으로 주세요.
igeotgwa igeoseuro juseyo

This and this, please.
디스 앤 디스, 플리즈

❏ 저도 같은 것으로 주세요.
Jeodo gateun geoseuro juseyo

I'll have the same.
아일 해브 더 세임

*동료와 같은 것을 주문할 때 Same here.라고 표현한다.

❏ 빨리 되는 것이 있습니까?
ppalli doeneun geosi itseumnikka

Do you have anything ready quickly?
두 유 해브 애니씽 래디 퀴클리

❏ 저것과 같은 요리를 주시겠어요?
jeogeotgwa gateun yorireul jusigesseoyo

Can I have the same dish as that?
캔 아이 해브 더 세임 디쉬 애즈 댓

❏ 빨리 됩니까?
ppalli doemnikka

Can I have it right away?
캔 아이 해빗 롸이러웨이

❏ 이것은 무슨 요리입니까?
eogeoseun museun yoriimnikka

What kind of dish is this?
왓 카인넙 디쉬즈 디스

❏ 어떤 요리인지 설명해 주시겠어요?
eotteon yoriinji seolmyeonghae jusigesseoyo

Can you explain this dish?
캔 유 익스플레인 디스 디쉬

❏ 요리재료는 뭡니까?
yorijaeryoneun mwomnikka

What are the ingredients?
워라더 인그리디언츠

❏ 이건 맵습니까?
igeon maepseumnikka

Is this spicy?
이즈 디스 스파이시

❏ (웨이터) 다른 주문은 없으십니까?
dareun jumuneun eopseusimnikka

Anything else?
애니씽 엘스

❏ 디저트는 어떻게 하시겠습니까?
dijeoteuneun eotteoke hasigetseumnikka

What would you like to have for dessert?
왓 우쥬 라잌 투 해브 풔 디저트

각국 요리

한국요리	Korean food	[코리언 푸드]
중국요리	Chinese food	[차이니즈 푸드]
일본요리	Japanese food	[재패니즈 푸드]
인도요리	Indian food	[인디언 푸드]
베트남요리	Vietnamese food	[비에트너미즈 푸드]
민족요리	ethnic food	[애쓰닉 푸드]
이탈리아요리	Italian food	[이탤리언 푸드]
프랑스요리	French food	[프렌취 푸드]
스페인요리	Spanish food	[스패니쉬 푸드]
독일요리	German food	[저먼 푸드]
그리스요리	Greek food	[그릭 푸드]
지중해요리	Mediterranean food	[메더터레이니언 푸드]
러시아요리	Russian food	[러시안 푸드]
멕시코요리	Mexican food	[멕시칸 푸드]
아랍요리	Arabic food	[애러빅 푸드]
향토요리	local food	[로컬 푸드]

식당에서 쓰이는 말

식당	restaurant	[레스터런]
식사	meal	[밀]
요리	dish	[디쉬]
예약석	reserved table	[리저브드 테이블]
웨이터	waiter	[웨이터]
웨이츄리스	waitress	[웨이츄리스]
주문	order	[오더]
추가주문	side order	[사이드 오더]
카운터	counter	[카운터]
스푼	spoon	[수푼]
포크	fork	[풔크]
접시	plate	[플렛]
젓가락	chopsticks	[찹스틱스]
찻잔	cup	[컵]
컵	glass	[글래스]

전채 Appetizer

멸치	anchovy [앤초우비]
캐비어	caviar [캐비어]
치즈	cheese [치즈]
칵테일	cocktail [칵테일]
새우	shrimp [쉬림]
굴	oyster [오이스터]
햄	ham [햄]
청어 샐러드	herring salad [헤링 샐럿]
훈제연어	smoked salmon [스목트 새먼]
소시지	sausage [소시쥐]
계란 마요네즈 무침	egg mayonnaise [애그 메이어네이즈]
냉고기 모듬	assorted cold meat [어소티즈 콜드 밋]
카나페	canape [카나페]
터린	terrine [터린]
치킨너겟	chicken nugget [치킨 너겟]
에스카고	escargot [에스카고]

수프 Soup / 샐러드 Salads

콩소메	consomme [칸서메이]
토마토 수프	tomato soup [터메이토우 숩]
쇠꼬리 수프	oxtail soup [옥스테일 숩]
포타지	potage [포타쥐]
스카치 브로스	Scotch broth [스카취 브로쓰]
야채 수프	vegetable soup [베쥐터블 숩]
아스파라거스 샐러드	asparagus salad [아스파라거스 샐럿]
아보카도 샐러드	avocado salad [아보카도 샐럿]
양배추 샐러드	coleslaw salad [코우슬러 샐럿]
야채 샐러드	green salad [그린 샐럿]
양상추 샐러드	lettuce salad [레티스 샐럿]
어패류 샐러드	seafood salad [씨푸드 샐럿]
토마토 샐러드	tomato salad [터메이토우 샐럿]
따뜻한 샐러드	warm salad [웜 샐럿]
샐러드 바	salad bar [샐러드 바]

UNIT 03

Travel English

식사를 하면서

매너란 기본적으로 사람에게 불쾌감을 주지 않기 위해 지켜야 할 룰입니다. 냅킨은 무릎 위에 나이프, 포크는 바깥쪽부터 사용합니다. 너무 신경을 쓰는 것도 좋지 않지만 식사 중에는 접시 위에서 나이프나 포크 소리를 내거나 큰소리로 웃거나 떠드는 것은 삼가야 합니다.

_____ 좀 갖다 주시겠어요?
_____ jom gatda jusigesseoyo

Could I have some _____ , please?
쿠다이 해브 썸 , 플리즈

☐ 소금   sogeum   **salt**   솔트
☐ 후춧가루 huchutgaru **pepper**   페퍼
☐ 식초   sikcho   **vinegar** 뷔니거
☐ 설탕   seoltang   **sugar**   슈거

Q: 여기요. 웨이터!
yeogiyo. weiteo
Excuse me. Waiter!
익스큐즈 미. 웨이러

A: 네, 무슨 일입니까?
ne, museun irimnikka
Yes. Can I help you?
예스. 캔아이 핼퓨

먹는 법·재료를 물을 때

먹는 법을 가르쳐 주시겠어요?
meongneun beobeul gareucheo jusigesseoyo

Could you tell me how to eat this?
쿠쥬 텔 미 하우 투 잇 디스

이건 어떻게 먹으면 됩니까?
igeon eotteoke meogeumyeon doemnikka

How do I eat this?
하우 두 아이 잇 디스

이 고기는 무엇입니까?
i gogineun mueosimnikka

What kind of meat is this?
왓 카인업 밋티즈 디스

이것은 무슨 재료를 사용한 겁니까?
igeoseun museun jaeryoreul sayonghan geomnikka

What are the ingredients for this?
워라디 인그리디언츠 휘 디스

필요한 것을 부탁할 때

빵을 좀더 주세요.
ppangeul jomdeo juseyo

Can I have more bread?
캔 아이 해브 모어 브레드

디저트 메뉴는 있습니까?
dijeoteu menyuneun itseumnikka

Do you have a dessert menu?
두 유 해버 디저트 메뉴

식사 — 식사를 하면서

- 물 한 잔 주세요.
  mul han jan juseyo

  I'd like a glass of water, please.
  아이드 라이커 글래스 업 워러 플리즈

- 소금 좀 갖다 주시겠어요?
  sogeum jom gatda jusigesseoyo

  Could I have some salt, please?
  쿠다이 해브 썸 솔트, 플리즈

- 나이프(포크)를 떨어뜨렸습니다.
  naipeu(pokeu)reul tteoreotteuryeotseumnida

  I dropped my knife(fork).
  아이 드랍트 마이 나이프(포크)

- ~을 추가로 부탁합니다.
  ~eul chugaro butakamnida

  I'd like to order some more~.
  아이드 라익 투 오더 썸 모어 ~

- (맛은) 어떠십니까?
  eotteosimnikka

  Is everything all right?
  이즈 애브리씽 올 롸잇

- 맛있는데요!
  masinneundeyo

  This is good!
  디씨즈 굿

✈ 디저트·식사를 마칠 때

❏ 디저트를 주세요.
dijeoteureul juseyo

I'd like a dessert, please.
아이드 라이커 디저트, 플리즈

❏ 디저트는 뭐가 있나요?
dijeoteuneun mwoga innayo

What do you have for dessert?
왓 두 유 해브 풔 디젓

❏ 커피만 주세요.
keopiman juseyo

Just coffee, please.
저슷 커피, 플리즈

❏ (디저트를 권할 때) 아뇨, 됐습니다.
anyo, dwaetseumnida

No, thank you.
노, 땡큐

❏ 이걸 치워주시겠어요?
igeol chiwojusigesseoyo

Could you please take this away?
쿠쥬 플리즈 테익 디스 어웨이

❏ (동석한 사람에게) 담배를 피워도 되겠습니까?
dambaereul piwodo doegetseumnikka

May I smoke?
메아이 스목

UNIT 04

술집에서

식사를 하면서 술을 마실 경우에는 그 고장의 전통 술을 고르도록 하여, 웨이터와 의논해서 정하도록 합시다. 나라가 다르면 술의 종류도 가게의 분위기도 다릅니다. 게다가 연령제한이나 영업시간도 다릅니다. 바에서 계산할 때는 보통 C.O.D.로 지불합니다.

_____ 을(를) 주시겠어요?
_____ eul(reul) jusigesseoyo

May I have a _____, please?
메아이 해버 _____, 플리즈

□ 버본	babon	bourbon	부어본
□ 진피즈	jinpijeu	gin fizz	진 휘즈
□ 위스키	wiseuki	whiskey	위스키
□ 스카치	seukachi	Scotch	스카취

Q: 와인은 어떠십니까?
waineun eotteosimnikka

Would you care for wine?
우쥬 케어 훠 와인

A: 와인 목록은 있습니까?
wain mongnogeun itseumnikka

Do you have a wine list?
두 유 해버 와인 리슷

술을 주문할 때

□ 이 요리에는 어느 와인이 맞습니까?
i yorieneun eoneu waini matseumnikka

Which wine goes with this dish?
위치 와인 고우즈 위 디스 디쉬

□ 글라스로 주문됩니까?
geullaseuro jumundoemnikka

Can I order it by the glass?
캔 아이 오더릿 바이 더 글래스

□ 레드와인을 한 잔 주세요.
redeuwaineul han jan juseyo

I'd like a glass of red wine.
아이드 라이커 글래스 업 레드 와인

□ 생맥주는 있습니까?
saengmaekjuneun itseumnikka

Do you have a draft beer?
두 유 해버 드랩트 비어

□ 식사하기 전에 무슨 마실 것을 드릴까요?
siksahagi jeone museun masil geoseul deurilkkayo

Would you care for something to drink before dinner?
우쥬 케어 훠 썸씽 투 드링 비훠 디너

□ 이 지방의 독특한 술입니까?
i jibangui dokteukan surimnikka

Is it a local alcohol?
이짓 어 로우컬 앨커홀

식사 술집에서

- 어떤 맥주가 있습니까?
  eotteon maekjuga itseumnikka

  What kind of beer do you have?
  왓 카인업 비어 두 유 해브

- (웨이터) 음료는 어떻게 하시겠습니까?
  eumnyoneun eotteoke hasigetseumnikka

  Anything to drink?
  애니씽 투 드링

- 물만 주시겠어요?
  mulman jusigesseoyo

  Can I just have water, please?
  캔아이 저숫 해브 워러, 플리즈

- 무슨 먹을 것은 없습니까?
  museun meogeul geoseun eopseumnikka

  Do you have something to eat?
  두 유 해브 썸씽 투 잇

- 어떤 술입니까?
  eotteon surimnikka

  What kind of alcohol is it?
  왓 카인업 앨커홀 이짓

- 가벼운 술이 좋겠습니다.
  gabyeoun suri joketseumnida

  I'd like a light alcohol.
  아이드 라이커 라잇 앨커홀

술을 마실 때

☐ 맥주가 별로 차갑지 않네요.
maekjuga byeollo chagapji anneyo

The beer isn't cool enough.
더 비어 이즌 쿨 이넙

☐ 건배!
geonbae

Cheers!
치어즈

☐ 한 잔 더 주세요.
han jan deo juseyo

Another one, please.
어나더 원, 플리즈

☐ 한 병 더 주세요.
han byeong deo juseyo

May I have another one?
메아이 해브 어나더 원

☐ 생수 좀 주세요.
saengsu jom juseyo

I'll have a mineral water.
아윌 해버 미너럴 워러

☐ 제가 내겠습니다.
jega naegetseumnida

It's on me, please.
잇츠 온 미, 플리즈

UNIT 05 Travel English

식당에서의 트러블

테이블에 앉을 때는 오른손으로 의자를 잡아당겨 왼쪽에서 앉습니다. 각 테이블에는 담당의 웨이터가 정해져 있으므로 무언가를 부탁하거나 식사 중에 문제가 발생하면 먼저 담당 웨이터를 부릅니다. 식사 중에 나이프나 포크를 떨어뜨렸으면 자신이 줍지 말고 웨이터를 불러 다시 가져오도록 합니다.

이건 너무 _____.

igeon neomu

I think this is a little too _____.

아이 씽 디씨즈 어 리틀 투

☐ 짭니다	jjamnida	salty	설티
☐ 답니다	damnida	sweet	스윗
☐ 맵습니다	maepseumnida	hot	핫
☐ 싱겁습니다	singgeopseumnida	flat	플랫

Q: 이건 주문하지 않았는데요.
igeon jumunhaji ananneundeyo
I didn't order this.
아이 디든 오더 디스

A: 아, 그렇습니까?
a, geureoseumnikka
You didn't, sir?
유 디든, 써

요리가 늦게 나올 때

❏ 주문한 게 아직 안 나왔습니다.
jumunhan ge ajik an nawatseumnida

My order hasn't come yet.
마이 오더 해즌 컴 옛

❏ 어느 정도 기다려야 합니까?
eoneu jeongdo gidaryeoya hamnikka

How long do we have to wait?
하우 롱 두 위 해브 투 웨잇

❏ 아직 시간이 많이 걸립니까?
ajik sigani mani geollimnikka

Will it take much longer?
윌릿 테익 머치 롱거

❏ 조금 서둘러 주겠어요?
jogeum seodulleo jugesseoyo

Would you rush my order?
우쥬 러쉬 마이 오더

❏ 벌써 30분이나 기다리고 있습니다.
beolsseo samsipbunina gidarigo itseumnida

I've been waiting for thirty minutes.
아이브 빈 웨이링 훠 써리 미닛츠

❏ 커피를 두 잔 부탁했는데요.
keopireul du jan butakaenneundeyo

I ordered two cups of coffee.
아이 오더드 투 컵스 업 커휘

식사 식당에서의 트러블

❏ 주문을 확인해 주겠어요?
jumuneul hwaginhae jugesseoyo

Can you please check my order?
캔유 플리즈 첵 마이 오더

✈ 주문을 취소하거나 바꿀 때

❏ 주문을 취소하고 싶은데요.
jumuneul chwisohago sipeundeyo

I want to cancel my order.
아이 원 투 캔슬 마이 오더

❏ 주문을 바꿔도 되겠습니까?
jumuneul bakkwodo doegetseumnikka

Can I change my order?
캔 아이 체인쥐 마이 오더

❏ 이건 주문하지 않았는데요.
igeon jumunhaji ananneundeyo

I don't think I ordered this.
아이 돈 씽카이 오더드 디스

❏ 글라스가 더럽습니다.
geullaseuga deoreopseumnida

The glass isn't clean.
더 글래스 이즌 클린

❏ 새 것으로 바꿔 주세요.
sae geoseuro bakkwo juseyo

Please change this for new one.
플리즈 체인쥐 디스 훠 뉴 원

✈ 요리에 문제가 있을 때

☐ 수프에 뭐가 들어있습니다.
supeue mwoga deureoitseumnida

There's something in the soup.
데어즈 썸씽 인 더 숩

☐ 이 요리를 데워 주세요.
i yorireul dewo juseyo

Please warm this dish up.
플리즈 웜 디스 디쉬 업

☐ 요리가 덜 된 것 같네요.
yoriga deol doen geot ganneyo

This is not cooked enough.
디씨즈 낫 쿡키드 이넙

☐ 이 스테이크는 너무 구워졌어요.
i seuteikeuneun neomu guwojeosseoyo

I think this steak is overdone.
아이 씽 디스 스테익 이즈 오버던

☐ 홍차가 식었습니다.
hongchaga sigeotseumnida

This isn't hot enough.
디스 이즌 핫 이넙

☐ 너무 많아서 먹을 수 없습니다.
neomu manaseo meogeul su eopseumnida

It is more than I can eat.
이리즈 모어 댄 아이 캔 잇

식사 · 식당에서의 트러블

UNIT 06

패스트푸드점에서

패스트푸드나 카페테리아는 레스토랑보다도 훨씬 가볍게 이용할 수 있습니다. 그 자리에서 만들어 주는 샌드위치나 핫도그, 포테이토칩 등은 시간이 없을 때 간단히 먹을 수 있는 것들입니다. 그 자리에서 먹을 때는 I'll eat here라고 하고, 가지고 나갈 때는 To go, please라고 하면 됩니다.

[
_____ 와(과) 미디엄 콜라 주세요.
wa(gwa) midieom kolla juseyo

_____ and a medium coke, please.
앤더 미디엄 코크, 플리즈
]

☐ 햄버거	haembeogeo	**hamburger**	햄버거
☐ 흰빵	huinppang	**white bread**	화잇 브레드
☐ 피자	pija	**pizza**	피처
☐ 프라이드치킨	peuraideuchikin	**fried chicken**	흐라이드 취킨

Q : 여기서 드시겠습니까, 아니면 포장을 해드릴까요?
yeogiseo deusigetseumnikka, animyeon pojangeul haedeurilkkayo
For here or to go?
훠 히어 오어 투 고

A : 포장 해 주세요.
pojang hae juseyo
To go. (Take out.)
투 고 (테익카웃)

패스트푸드를 주문할 때

☐ 이 근처에 패스트푸드점은 있습니까?
i geuncheoe paeseuteupudeujeomeun itseumnikka

Is there a fastfood store around here?
이즈 데어러 훼숫 후드 스토어 어롸운 히어

☐ 햄버거하고 커피 주시겠어요?
haembeogeohago keopi jusigesseoyo

Can I have a hamburger and a coffee, please?
캔 아이 해버 햄버거 앤더 커휘, 플리즈

☐ 겨자를 (많이) 발라 주세요.
gyeojareul (mani) balla juseyo

With (a lot of) mustard, please.
위드(어랏업) 머스터드, 플리즈

☐ 어디서 주문합니까?
eodiseo jumunhamnikka

Where do I order?
웨어 두 아이 오더

☐ 2번 세트로 주세요.
ibeon seteuro juseyo

I'll take the number two combo.
아윌 테익 더 넘버 투 콤보

☐ 어느 사이즈로 하시겠습니까?
eoneu saijeuro hasigetseumnikka

Which size would you like?
위치 싸이즈 우쥬 라잌

식사 / 패스트푸드점에서

❏ L(M/S) 사이즈를 주세요.
  L(M/S) saijeureul juseyo

  Large (Medium / Small), please.
  라쥐 (미디엄 / 스몰), 플리즈

❏ 마요네즈를 바르겠습니까?
  mayonejeureul bareugetseumnikka

  Would you like mayonnaise?
  우쥬 라잌 메이어네이즈

❏ 아니오, 됐습니다.
  anio, dwaetseumnida

  No, thank you.
  노, 땡큐

❏ 이것을 주세요.
  igeoseul juseyo

  I'll try it.
  아윌 트라이 잇

❏ 샌드위치를 주세요.
  saendeuwichireul juseyo

  A sandwich, please.
  어 샌드위취, 플리즈

❏ 케첩을 주세요.
  kecheobeul juseyo

  With ketchup, please.
  위더 케첩, 플리즈

- ☐ (재료를 가리키며) 이것을 샌드위치에 넣어 주세요.
  igeoseul saendeuwichie neoeo juseyo

  Put this in the sandwich, please.
  풋 디쓰 인 더 샌드위취, 플리즈

✈ 주문할 마칠 때

- ☐ (주문은) 전부입니다.
  jeonbuimnida

  That's all.
  댓츠 올

- ☐ 여기서 드시겠습니까, 아니면 가지고 가실 겁니까?
  yeogiseo deusigetseumnikka, animyeon gajigo gasil geomnikka

  For here or to go?
  풔 히어 오어 투 고

- ☐ 여기서 먹겠습니다.
  yeogiseo meokgetseumnida

  I'll eat here.
  아윌 잇 히어

- ☐ 가지고 갈 거예요.
  gajigo gal geoyeyo

  To go(Take out), please.
  투 고(테이카웃), 플리즈

- ☐ 이 자리에 앉아도 되겠습니까?
  i jarie anjado doegetseumnikka

  Can I sit here?
  캔 아이 씻 히어

식사 패스트푸드점에서

◻ fast food 패스트푸드

핫도그
hot dog
핫 독

햄버거
hamburger
햄버거

피자
pizza
피처

프라이드 포테이토
French fries
후렌치 후라이즈

프라이드 치킨
fried chicken
후라이드 취킨

도넛
doughnut
도우넛

아이스크림
ice cream
아이스 크림

비스킷
biscuit
비스킷

샐러드
salad
샐러드

샌드위치
sandwich
샌드위취

❏ 조미료

케첩
ketchup
케첩

머스터드
mustard
머스터드

후추
pepper 페퍼

간장
soy sauce
소이 소스

설탕
sugar 슈거

소금
salt 설트

버터
butter 버터

마가린
margarine
마저린

❏ 음료

커피
coffee
커휘

주스
juice 쥬스

(커피용)크림
cream
크림

차
tea 티

우유
milk
밀크

콜라
coke
코크

뜨거운 초콜릿
hot chocolate
핫 처콜릿

UNIT 07

식비·술값 계산

식사가 끝나면 손을 들어서 Excuse me, Sir(miss)라고 웨이터 나 웨이트리스를 불러 Check(Bill), please라고 계산서(bill)를 부탁합니다. 계산서에 세금과 봉사료가 포함되어 있는 경우에는 팁은 필요 없습니다. 포함되어 있지 않는 경우에는 수고비로 15~20% 정도의 팁을 테이블에 놓습니다.

[_____ 은(는) 포함되어 있나요?]

_____ eun(neun) pohamdoeeo innayo

Is _____ included?

이즈   인클루딋

☐ 봉사료	bongsaryo	service charge	서비스 차지
☐ 팁	tip	the tip	더 팁
☐ 커피값	keopigap	coffee charge	커휘 차쥐
☐ 자릿세	jaritse	seat charge	씻 차쥐

Q: 더 필요하신 게 있습니까?
deo piryohasin ge itseumnikka

Can I get you anything else?
캔아이 겟츄 애니씽 엘스

A: 계산을 부탁합니다.
gyesaneul butakamnida

Just the bill, please.
저슷 더 빌, 플리즈

✈ 지불방법을 말할 때

❑ 매우 맛있었습니다.
maeu masisseotseumnida

It was very good.
잇워즈 베리 굿

❑ 여기서 지불할 수 있나요?
yeogiseo jibulhal su innayo

Can I pay here?
캔 아이 페이 히어

❑ 어디서 지불하나요?
eodiseo jibulhanayo

Where shall I pay the bill?
웨어 쉘 아이 페이 더 빌

❑ 따로따로 지불하고 싶은데요.
ttarottaro jibulhago sipeundeyo.

Separate checks, please.
세퍼레잇 첵스, 플리즈

❑ 제가 모두 내겠습니다.
jega modu naegetseumnida

I'll take care of the bill.
아일 테익 케어럽 더 빌

❑ 제 몫은 얼마인가요?
je mokseun eolmaingayo

How much is my share?
하우 머치즈 마이 쉐어

식사

식비 · 술값 계산

□ 팁은 포함되어 있습니까?
tibeun pohamdoeeo itseumnikka

Is the tip included?
이즈 더 팁 인클루딧

□ 제가 낼게요.
jega naelgeyo

It's on me.
잇츠 온 미

□ 신용카드도 받나요?
sinyongkadeudo bannayo

Do you accept credit cards?
두 유 엑셉 크레딧 카즈

□ 현금으로 낼게요.
hyeongeumeuro naelgeyo

I'd like to pay in cash.
아이드 라잌 투 페이 인 캐쉬

✈ 계산할 때

□ 계산해 주세요.
gyesanhae juseyo

Check, please.
첵, 플리즈

□ 전부해서 얼마입니까?
jeonbuhaeseo eolmaimnikka

How much is it altogether?
하우 머치즈 잇 얼터게더

❏ 이 요금은 무엇입니까?
i yogeumeun mueosimnikka

What's this charge for?
왓츠 디스 차지 훠

❏ 계산서를 나눠 주시겠어요?
gyesanseoreul nanwo jusigesseoyo

Could we have separate checks?
쿠드 위 해브 세퍼레잇 첵스

❏ 계산이 틀린 것 같습니다.
gyesani teullin geot gatseumnida

I'm afraid the check is wrong.
아임 어흐레이드 더 첵키즈 륑

❏ 봉사료는 포함되어 있습니까?
bongsaryoneun pohamdoeeo itseumnikka

Is it including the service charge?
이짓 인클루딩 더 서비스 차지

❏ 영수증을 주세요.
yeongsujeungeul juseyo

May I have the receipt, please?
메아이 해브 더 리싯, 플리즈

❏ 거스름돈이 틀린 것 같은데요.
geoseureumdoni teullin geot gateundeyo

I think you gave me the wrong change.
아이 씽 유 게브 미 더 륑 췌인쥐

식사

식비·술값 계산

육류 Meats / 어패류 Seafood

쇠고기	beef [비프]
닭고기	chicken [치킨]
오리고기	duck [덕]
양고기	mutton [머튼]
돼지고기	pork [포크]
칠면조고기	turkey [터키]
송아지고기	veal [빌]
베이컨	bacon [베이컨]
햄	ham [햄]
등심	sirloin [서리언]
티본	T-bone [티-본]
스테이크	steak [스테익]
생선	fish [피쉬]
게	crab [크랩]
전복	abalone [애버로우니]
바다가제	lobster [랍스터]
굴	oyster [오이스터]
참새우	prawn [프런]
연어	salmon [새먼]
참치	tuna [튜너]
조개	shellfish [쉘피쉬]

야채 Vegetable

아스파라거스	asparagus [아스파라거스]
양배추	cabbage [캐비쥐]
샐러리	celery [샐러리]
양상추	lettuce [레티스]
양파	onion [어니언]
시금치	spinach [스피니취]
가지	eggplant [액플랜]
오이	cucumber [큐컴버]
파슬리	parsley [파슬리]
버섯	mushroom [머쉬룸]

PART 5

교통

길을 물을 때
택시를 이용할 때
버스를 이용할 때
지하철을 이용할 때
열차를 이용할 때
비행기를 이용할 때
렌터카를 이용할 때
차를 운전할 때

Travel Information

교통에 관한 정보

✈ 항공기

요즘은 국내는 물론 외국을 여행할 경우 가장 널리 애용되고 있는 것이 항공편이다. 요금이 부담될지 몰라도 신속하고 효율적인 수송 능력과 탁월한 서비스 기능에 의해 누구나 만족을 느끼게 된다.

✈ 지하철

지하철이 종횡으로 발달되어 있는 파리, 런던, 뉴욕 같은 곳에서는 노선표만 가지고 다니면 초행길이라도 충분히 이용할 수 있다. 주로 배낭여행을 할 경우에 이용하기 편리하며 기차와 연계되는 곳도 있다.

✈ 기 차

여행시 안전하고 여유 있는 여행을 즐기려면 가장 낭만이 있는 수단이 철도 여행이다. 왜냐하면 요금이 싼데다가 각국의 다양한 풍경, 문화, 기후, 인종 등을 한꺼번에 누릴 수 있기 때문이다. 최근에 유럽의 여행객이 가장 널리 애용하는 교통수단이라고 한다.

✈ 택 시

외국을 여행할 때 초행일 경우 택시를 주로 이용하는 경향이 있는데, 시간적인 제약을 받는 경우라면 가장 손쉬운 교통수단이기는 하나 외국인 관광객에게는 팁으로 10~15달러를 요구하므로 유의해야 한다.

✈ 버 스

미국이나 유럽에서는 시내에서 뿐만 아니라 장거리 여행에 경제적인 교통수단이 되고 있으며, 다른 나라로 연계되기도 하므로 기차와 함께 널리 애용되고 있다.

세계의 주요 철도

- **앰트랙(AMTRAK)** 은 미 전역에 걸쳐 500개 이상의 도시를 연결하는 광역철도 운송 서비스를 하고 있으며, 안전하고 품격 있는 미국 내 교통수단으로 미국인들에게는 물론 미국을 여행하는 외국인들에게 가장 인기 있는 교통수단 중의 하나이다. 대도시 중심으로 연결이 잘 되어 있어 동, 서부를 나누어 여행하거나 뉴욕, 워싱턴 등 대도시를 중심으로 일정을 짤 때, 그리고 시간적 여유가 없어 많은 지역을 단기간에 여행하고자 할 때 편리하게 이용할 수 있다.

- **유레일패스(Eurail Pass)** 란 유럽 이외 지역의 관광객 유치를 위하여 만든 특별할인 승차권으로 17개국(오스트리아, 독일, 노르웨이, 헝가리, 그리스, 포르투갈, 벨기에, 아일랜드, 스페인, 덴마크, 이탈리아, 스웨덴, 프랑스, 핀란드, 룩셈부르크, 스위스, 네덜란드)의 국철을 정해진 기간 동안 주행거리, 승차횟수, 국경통과에 제한없이 자유롭게 승하차할 수 있는 매우 저렴하고 편리한 정기열차 승차권이다.
일반적으로 유레일패스(Eurail Nomal Pass)는 일정기간 동안 연속적으로 이용할 수 있는 승차권을 지칭한다.

- **유로패스(Euro Pass)** 는 유럽 주요 5개국(프랑스, 독일, 이탈리아, 스위스, 스페인)에 추가해서 인접 4개 지역권(오스트리아-헝가리 / 베네룩스 3국(벨기에, 네덜란드, 룩셈부르크) / 그리스(AND, HML, 페리) / 포르투갈) 중 최대 2개 지역권까지 선택하여 사용할 수 있는 패스로 적용국가에서는 유레일 플렉시 패스와 동일한 혜택과 특전이 있다.

- **유로스타(Euro Star)** 는 영국에서 대륙으로 이동하는 교통수단으로 시속 300km의 속도로 해저터널(Channel Tunnel)을 통해 런던-파리 간 평균 3시간, 런던-브뤼셀 간은 약 2시간 40분만에 주파하는 초고속 열차로 런던 도심에서 파리나 브뤼셀의 도심으로 바로 들어가기 때문에 도심 외곽에 있는 공항을 통해야 하는 항공편보다 훨씬 효율적이다. 각 기차마다 한번에 766명의 승객을 실어 나르고 있으며 실제 도버 해저터널을 통과하는 시간은 약 20분 정도이다.

- **오리엔트 특급(Orient Express)** 은 소설과 영화로 잘 알려져 있으며, 1960년대 이후 교통수단의 고속화 영향으로 잠시 쇠퇴하여 운행이 중단되었던 적도 있었으나, 1982년 런던과 베니스 왕복을 시작으로 새롭게 부활하여 오늘날까지 그 전통을 이어오고 있다. 로맨틱하고 낭만적인 분위기와 최고의 서비스를 제공하는 호화열차로서의 전통과 품위를 지켜오고 있으며, 실내에서 연주되는 우아하고 세련된 음악, 일류 요리사가 만들어 내는 최고급 요리와 화려한 파티, 승객의 이름까지 불러주는 세심하고 정중한 서비스로 마치 왕족이 된 듯한 기분을 누릴 수 있다.

UNIT 01 — Travel English

길을 물을 때

길을 물을 때는 가능하면 경찰이나 관광안내소에서 물읍시다. 급하게 가는 사람보다는 천천히 걷는 사람에게 묻는 것이 좋지만, 지나치게 친절한 사람에게는 주의합시다. 말을 걸 때는 Excuse me, 알았으면 Thank you를 하는 것을 잊지 말고 말하도록 합시다.

[
이 지도에서 _____ 은(는) 어디입니까?

i jidoeseo _____ eun(neun) eodiimnikka

Where is _____ on this map?

웨어 리즈   온 디스 맵
]

- ☐ 여기   yeogi   this place   디스 플레이스
- ☐ 은행   eunhaeng   the bank   더 뱅크
- ☐ 백화점   baekhwajeom   the department store   더 디파러먼 스토어
- ☐ 미술관   misulgwan   the art museum   디 아트 뮤지엄

Q : 차이나타운으로 가는 길을 가르쳐 주시겠어요?

chainatauneuro ganeun gireul gareucheo jusigesseoyo

Please tell me how to get to China town?

플리즈 텔 미 하우 투 겟 투 차이너 타운

A : 저기입니다.

jeogiimnida

It's over there.

잇츠 오버 데어

✈ 길을 물을 때

❏ 저, 실례합니다!
jeo, sillyehamnida

Excuse me!
익스큐즈 미

❏ (지도를 가리키며) 여기는 어디에 있습니까?
yeogineun eodie itseumnikka

Where are we now?
웨어라 위 나우

❏ 실례합니다. 잠깐 여쭙겠습니다.
sillyehamnida. jamkkan yeojjupgetseumnida

Excuse me. I have a question.
익스큐즈 미. 아이 해버 퀘스쳔

❏ 백화점은 어디에 있습니까?
baekwajeomeun eodie itseumnikka

Where's the department store?
웨어즈 더 디파러먼 스토어

❏ 여기는 무슨 거리입니까?
yeogineun museun georiimnikka

What street is this?
왓 스트리티즈 디스

❏ 곧장 가십시오.
gotjang gasipsio

Go straight.
고우 스트레잇

❑ 저기서 오른쪽으로 도세요.
jeogiseo oreunjjogeuro doseyo

Turn right there.
턴 롸잇 데어

❑ 걸어서 몇 분 걸립니까?
georeoseo myeot bun geollimnikka

How many minutes by walking.
하우 메니 미닛츠 바이 워킹

❑ 박물관에는 어떻게 가면 됩니까?
bangmulgwaneneun eotteoke gamyeon doemnikka

How can I get to the museum?
하우 캔아이 겟 투 더 뮤지엄

❑ 역으로 가는 길을 가르쳐 주십시오.
yeogeuro ganeun gireul gareucheo jusipsio

Please tell me the way to the station.
플리즈 텔 미 더 웨이 투 더 스테이션

❑ 여기에서 가깝습니까?
yeogieseo gakkapseumnikka

Is it near here?
이짓 니어 히어

❑ 거기까지 걸어서 갈 수 있습니까?
geogikkaji georeoseo gal su itseumnikka

Can I walk there?
캔 아이 워크 데어

- 거기까지 버스로 갈 수 있습니까?
geogikkaji beoseuro gal su itseumnikka

    Can I get there by bus?
    캔아이 겟 데어 바이 버스

- 거기에 가려면 택시밖에 없나요?
geogie garyeomyeon taeksibakke eomnayo

    Is a taxi the only way to get there?
    이저 택시 더 온리 웨이 투 겟 데어

- 차이나타운은 멉니까?
chainatauneun meomnikka

    Is Chinatown far?
    이즈 차이나타운 화

- 거기까지 어느 정도 시간이 걸립니까?
geogikkaji eoneu jeongdo sigani geollimnikka

    How long does it take?
    하우 롱 더짓 테익

- 이 주위에 지하철역이 있습니까?
i juwie jihacheoryeogi itseumnikka

    Is there a subway station around here?
    이즈 데어러 섭웨이 스테이션 어롸운 히어

- 지도에 표시해 주시겠습니까?
jidoe pyosihae jusigetseumnikka

    Would you mark it, please.
    우쥬 마킷, 플리즈

✈ 길을 잃었을 때

❏ **실례합니다! 여기는 무슨 거리입니까?**
sillyehamnida! yeogineun museun georiimnikka

Excuse me! What's this street?
익스큐즈 미! 왓츠 디스 스트릿

❏ **길을 잃었습니다.**
gireul ireotseumnida

I got lost on my way.
아이 갓 로슷 온 마이 웨이

❏ **어디에 갑니까?**
eodie gamnikka

Where are you going?
웨어라 유 고잉

❏ **코리아타운으로 가는 길입니다.**
koriatauneuro ganeun girimnida

We're going to Korea Town.
위어 고잉 투 코리어 타운

❏ **이 길이 아닙니까?**
i giri animnikka

Am I on the wrong street?
엠 아이 온 더 렁 스트릿

❏ **친절을 베풀어 주셔서 감사합니다.**
chinjeoreul bepureo jusyeoseo gamsahamnida

It's very kind of you. Thank you.
잇츠 베리 카인더뷰. 땡큐

길을 물어올 때

☐ 미안합니다. 잘 모르겠습니다.
mianhamnida. jal moreugetseumnida

I'm sorry. I don't know.
아임 쏘리.　아이 돈 노우

☐ 저는 여행자입니다.
jeoneun yeohaengjaimnida

I'm a tourist.
아이머 투어리슷

☐ 저도 잘 모릅니다.
Jeodo jal moreumnida

I'm not sure myself.
아임 낫 슈어 마이셀프

☐ 다른 사람에게 물어보십시오.
dareun saramege mureobosipsio

Please ask someone else.
플리즈 애슥 썸원 엘스

☐ 저 사람에게 물어 보십시오.
jeo saramege mureo bosipsio

Ask the man over there.
애슥 더 맨 오버 데어

☐ 지도를 가지고 있습니까?
jidoreul gajigo itseumnikka

Do you have a map?
두 유 해버 맵

UNIT 02

Travel English

택시를 이용할 때

급하거나 길을 잘 모를 때는 택시를 이용하는 게 편리합니다. 말이 통하지 않을 때는 가고 싶은 곳의 주소를 적어서 택시기사에게 주면 됩니다. 사람이 많을 때나 큰 짐이 있을 때는 추가요금을 받는 경우도 있습니다. 내릴 때 요금의 15% 정도의 팁을 건넵니다.

_____ (으)로 가 주세요.
_____ (eu)ro ga juseyo

_____ , please.
_____ , 플리즈

☐ 이 주소	i juso	This address	디스 어드레스
☐ 이곳	igot	This place	디스 플레이스
☐ 번화가	beonhwaga	Downtown	다운타운
☐ ○○ 공원	○○ gongwon	○○ Park	○○ 파크

Q: 어디까지 모셔드릴까요?
eodikkaji mosyeodeurilkkayo
Where to?
웨어 투

A: 번화가로 가 주세요.
beonhwagaro ga juseyo
Downtown, please.
다운타운, 플리즈

172

✈ 택시를 잡을 때

☐ 택시승강장은 어디에 있습니까?
taeksiseunggangjangeun eodie itseumnikka

Where's the taxi stand?
웨어즈 더 택시 스탠드

☐ 어디서 택시를 탈 수 있습니까?
eodiseo taeksireul tal su itseumnikka

Where can I get a taxi?
웨어 캔 아이 게러 택시

☐ 어디서 기다리고 있으면 됩니까?
eodiseo gidarigo isseumyeon doemnikka

Where should we wait?
웨어 슈드 위 웨잇

☐ 택시!
taeksi

Taxi!
택시

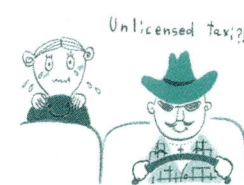

✈ 택시를 탈 때

☐ 우리들 모두 탈 수 있습니까?
urideul modu tal su itseumnikka

Can we all get in the car?
캔 위 올 게린 더 카

☐ 트렁크를 열어 주시겠어요?
teureongkeureul yeoreo jusigesseoyo

Would you open the trunk?
우쥬 오픈 더 트렁크

- (주소를 보이며) 이 주소로 가 주세요.
  i jusoro ga juseyo

  Take me to this address, please.
  테익 미 투 디스 어드레스, 플리즈

- 센트럴파크로 가 주세요.
  ○○gongwoneuro ga juseyo

  To Central Park, please.
  투 센트럴 파크, 플리즈

- 서둘러 주시겠어요?
  seodulleo jusigesseoyo

  Could you please hurry?
  쿠쥬 플리즈 허리

- 9시까지 도착할 수 있을까요?
  ahopsikkaji dochakal su isseulkkayo

  Can I get there by nine?
  캔 아이 겟 데어 바이 나인

- 가장 가까운 길로 가 주세요.
  gajang gakkaun gillo ga juseyo

  Take the shortest way, please.
  테익 더 숏티스트 웨이, 플리즈

- 좀더 천천히 가 주세요.
  jomdeo cheoncheonhi ga juseyo

  Could you drive more slowly?
  쿠쥬 드라이브 모어 슬로울리

✈ 택시에서 내릴 때

❏ 여기서 세워 주세요.
yeogiseo sewo juseyo

Stop here, please.
스탑 히어, 플리즈

❏ 다음 신호에서 세워 주세요.
daeum sinhoeseo sewo juseyo

Please stop at the next light.
플리즈 스탑 앳 더 넥숫 롸잇

❏ 좀더 앞까지 가주세요.
jomdeo apkkaji gajuseyo

Could you pull up a little further?
쿠쥬 풀 업퍼 리틀 훠더

❏ 여기서 기다려 주시겠어요?
yeogiseo gidaryeo jusigesseoyo

Would you wait for me here?
우쥬 웨잇 훠 미 히어

❏ 얼마입니까?
eolmaimnikka

How much is it?
하우 머치 이짓

❏ 거스름돈은 됐습니다.
geoseureumdoneun dwaetseumnida

Keep the change.
킵 더 체인쥐

교통

택시를 이용할 때

UNIT 03

Travel English

버스를 이용할 때

시내를 자유롭게 이동하려면 시내버스가 싸고 편리합니다. 관광안내소 등에서 노선도를 받아둡시다. 미국에서는 요금을 직접 요금함에 넣는 경우가 대부분이고, 거스름돈을 받을 수 없으므로 동전을 미리 준비해둡시다. 런던의 유명한 2층버스는 뒤에서 타서 차장에게 목적지를 말하고 요금을 지불합니다.

이 버스는 _____ 에 갑니까?
i beoseuneun _____ e gamnikka

Does this bus go to _____?
더즈 디스 버스 고 투

- 공원 gongwon the park 더 파크
- 해변 haebyeon the beach 더 비취
- 기차역 gichayeok the train station 더 트레인 스테이션
- 공항 gonghang the airport 디 에어폿

Q: 버스 승강장은 어디에 있습니까?
beoseu seunggangjangeun eodie itseumnikka

Where's the bus stop?
웨어즈 더 버스탑

A: 어디에 가십니까?
eodie gasimnikka

Where're you going?
웨어러유 고잉

✈ 시내버스

❏ 어디서 버스 노선도를 얻을 수 있습니까?
eodiseo beoseu noseondoreul eodeul su itseumnikka

Where can I get a bus route map?
웨어 캔아이 게러 버스 루트 맵

❏ 표는 어디서 살 수 있습니까?
pyoneun eodiseo sal su itseumnikka

Where can I get a ticket?
웨어 캔아이 게러 티킷

❏ 어느 버스를 타면 됩니까?
eoneu beoseureul tamyeon doemnikka

Which bus do I get on?
위치 버스 두 아이 게론

❏ (버스를 가리키며) 미술관행입니까?
misulgwanhaengimnikka

To the art museum?
투 디 아트 뮤지엄

❏ 갈아타야 합니까?
garataya hamnikka

Do I have to transfer?
두 아이 해브 투 트랜스훠

❏ 여기서 내려요.
yeogiseo naeryeoyo

I'll get off here.
아윌 겟 오프 히어

교통 / 버스를 이용할 때

✈ 시외버스

☐ 버스 터미널은 어디에 있습니까?
beoseu teomineoreun eodie itseumnikka

Where is the depot?
웨어리즈 더 디포우

☐ 매표소는 어디에 있습니까?
maepyosoneun eodie itseumnikka

Where is the ticket office?
웨어리즈 더 티킷 어휘스

☐ 라스베가스까지 두 장 주세요.
○○kkaji du jang juseyo

Two for Las Vegas, please.
투 훠 라스 베이거스, 플리즈

☐ 돌아오는 버스는 어디서 탑니까?
doraoneun beoseuneun eodiseo tamnikka

Where is the bus stop for going back?
웨어리즈 더 버스탑 훠 고잉 백

☐ 거기에 가는 직행버스는 있나요?
geogie ganeun jikaengbeoseuneun innayo

Is there any bus that goes there directly.
이즈 데어래니 버스 댓 고스 데어 다이렉틀리

☐ 도착하면 알려 주세요.
dochakamyeon allyeo juseyo

Tell me when we arrive there.
텔 미 웬 위 어라이브 데어

✈ 관광버스

□ 라스베가스를 방문하는 투어는 있습니까?
○○reul bangmunhaneun tueoneun itseumnikka

Do you have a tour to Las Vegas?

두 유 해버 투어 투 라스 베이거스

□ 여기서 예약할 수 있나요?
yeogiseo yeyakal su innayo

Can I make a reservation here?

캔아이 메이커 레저베이션 히어?

□ 버스는 어디서 기다립니까?
beoseuneun eodiseo gidarimnikka

Where do we meet again?

웨어 두 위 밋 어게인

□ 몇 시에 돌아옵니까?
myeot sie doraomnikka

What time are we returning?

왓 타임 아 위 리터닝

□ 투어는 몇 시에 어디서 시작됩니까?
tueoneun myeot sie eodiseo sijakdoemnikka

When and where does the tour begin?

웬 앤 웨어 더즈 더 투어 비긴

□ 호텔까지 데리러 옵니까?
hotelkkaji derireo omnikka

Will you pick us up at the hotel?

윌 유 픽커스 업 앳 더 호텔

교통
버스를 이용할 때

UNIT 04 Travel English

지하철을 이용할 때

지하철은 미국에서는 subway, 런던에서는 underground 또는 tube라고 부릅니다. 시내의 교통지체에 영향을 받지 않고 싸고 편리한 교통수단이라고 할 수 있습니다. 이용할 때는 미리 노선도로 이용할 노선, 환승역, 하차역을 알아둡시다. 지역에 따라 치안이 불안한 곳도 있으므로 주의합시다.

[____ (으)로 가는 것은 무슨 선입니까?
____ (eu)ro ganeun geoseun museun seonimnikka

Which line to ____?
위치 라인 투]

- 센트럴파크   ○○gongwon   Central Park   센트럴 파크
- 플라자 호텔   ○○hotel   Plaza Hotel   플라자 호텔
- 월스트리트   ○○ro   Wall Street   월 스트릿
- 링컨센터   ○○senteo   Lincoln Center 링컨 센터

Q: 센트럴파크까지 요금은 얼마입니까?
○○gongwonkkaji yogeumeun eolmaimnikka

What's subway fare to Central Park?
왓츠 섭웨이 훼어 투 센트럴 파크

A: 기본요금은 19센트입니다.
gibonyogeumeun ○○wonimnida

The minimum fare is nineteen cents.
더 미너멈 훼어리즈 나인틴 센츠

지하철역에서

□ 지하철 노선도를 주시겠습니까?
jihacheol noseondoreul jusigetseumnikka

May I have a subway map?
메아이 해버 섭웨이 맵

□ 이 근처에 지하철역이 있습니까?
i geuncheoe jihacheoryeogi itseumnikka

Is the subway station near here?
이즈 더 섭웨이 스테이션 니어 히어

□ 표는 어디서 삽니까?
pyoneun eodiseo samnikka

Where can I buy a ticket?
웨어 캔아이 바이 어 티킷

□ 자동매표기는 어디에 있습니까?
jadongmaepyogineun eodie itseumnikka

Where is the ticket machine?
웨어리즈 더 티킷 머쉰

□ 42번가로 가려면 어느 선을 타면 됩니까?
○○roe garyeomyeon eoneu seoneul tamyeon doemnikka

Which line should I take to go to 42nd Street?
위치 라인 슈다이 테익 투 고 투 훠티 세컨드 스트릿

□ 센트럴파크로 가려면 어디로 나가면 됩니까?
○○gongwoneuro garyeomyeon eodiro nagamyeon doemnikka

Which exit should I take for Central Park?
위치 에그짓 슈다이 테익 훠 센트럴 파크

교통 / 지하철을 이용할 때

☐ A-2 출구로 나가세요.
　　○○chulguro nagaseyo

　Take the A-2(two) exit.
　테익 디 에이-투 에그짓

✈ 지하철을 탔을 때

☐ 어디서 갈아탑니까?
　eodiseo garatamnikka

　Where should I change trains?
　웨어 슈다이 체인쥐 트레인스

☐ 이건 남부역에 갑니까?
　igeon ○○yeoge gamnikka

　Is this for South station?
　이즈 디스 훠 싸우스 스테이션

☐ 북부역은 몇 번째입니까?
　○○yeogeun myeot beonjjaeimnikka

　How many stops are there to North station?
　하우 메니 스탑스 아 데어 투 노쓰 스테이션

☐ 다음은 어디입니까?
　daeumeun eodiimnikka

　What's the next station?
　왓츠 더 넥 스테이션

☐ 이 지하철은 동부역에 섭니까?
　i jihacheoreun ○○yeoge seomnikka

　Does this train stop at East station?
　더즈 디스 트레인 스탑 앳 이숫 스테이션

❏ 이 노선의 종점은 어디입니까?
i noseonui jongjeomeun eodiimnikka

Where's the end of this line?
웨어즈 디 엔덥 디스 라인

❏ 지금 어느 근처입니까?
jigeum eoneu geuncheoimnikka

Where are we now?
웨어라 위 나우

❏ 다음은 센트럴 역입니까?
daeumeun senteureol yeogimnikka

Is the next stop Central Station?
이즈 더 넥 스탑 센트럴 스테이션

❏ 표를 잃어버렸습니다.
pyoreul ireobeoryeotseumnida

I lost my ticket.
아이 로슷 마이 티켓

❏ 지하철에 가방을 두고 내렸습니다.
jihacheore gabangeul dugo naeryeotseumnida

I left my bag in a subway.
아이 랩트 마이 백 이너 섭웨이

❏ 스타디움 역에서 탔습니다.
seutadium yeogeseo tatseumnida

I took a train from Stadium Station.
아이 툭커 트레인 프럼 스타디움 스테이션

UNIT 05 Travel English

열차를 이용할 때

미국을 비롯해 유럽, 캐나다, 호주 등지에서는 수일간 자유여행을 하는 경우에는 버스를 이용하면 요금이 무척 비싸므로 열차를 이용하는 게 좋습니다. 특히 외국인용의 할인버스는 그 나라에서 살 수 없기 때문에 철도여행의 계획이 있는 경우에는 미리 한국에서 구입해둡시다.

_____ ○○-○○ 표 두 장 주세요.

_____ ○○-○○ pyo du jang juseyo

Two _____ tickets from ○○ to ○○, please.

투 티켓츠 프럼 ○○ 투 ○○, 플리즈

□ 편도	pyeondo	one-way	원 웨이
□ 왕복	wangbok	round-trip	라운 트립
□ 1등석	ildeungseok	first class	훠숫 클래스
□ 2등석	ideungseok	second class	세컨 클래스

Q: 시각표를 보여 주시겠어요?

sigakpyoreul boyeo jusigesseoyo

May I see a timetable?

메아이 씨 어 타임테이블

A: 저기에 게시되어 있습니다.

jeogie gesidoeeo itseumnida

Here's one posted over there.

히어즈 원 포스팃 오버 데어

표를 구입할 때

❑ 매표소는 어디에 있습니까?
maepyosoneun eodie itseumnikka

Where's the ticket window?
웨어즈 더 티킷 윈도우

❑ 로스앤젤레스까지 편도 주세요.
○○kkaji pyeondo juseyo

A single to Los Angles, please.
어 씽글 투 로샌절리스, 플리즈

❑ 9시 급행 표를 주세요.
ahopsi geuphaeng pyoreul juseyo

Tickets on express at nine, please.
티킷츠 온 익스프레스 앳 나인, 플리즈

❑ 예약 창구는 어디입니까?
yeyak changguneun eodiimnikka

Which window can I reserve a seat at?
위치 윈도우 캔 아이 리저버 씨랫

❑ 1등석을 주세요.
ildeungseogeul juseyo

First class, please.
훠슷 클래스, 플리즈

❑ 더 이른 열차는 있습니까?
deo ireun yeolchaneun itseumnikka

Do you have an earlier train?
두 유 해번 얼리어 트레인

교통 / 열차를 이용할 때

☐ 더 늦은 열차는 있습니까?
deo neujeun yeolchaneun itseumnikka

Do you have a later train?

두 유 해버 래이러 트레인

☐ 급행열차입니까?
geupaengyeolchaimnikka

Is it an express train?

이지런 익스프레스 트레인

열차를 탈 때

☐ 어디서 갈아탑니까?
eodiseo garatamnikka

Where should we change trains?

웨어 슈드 위 체인쥐 트레인스

☐ 3번 홈은 어디입니까?
sambeon homeun eodiimnikka

Where is platform No 3.

웨어리즈 플랫훰 넘버 쓰리

☐ 파리행 열차는 어디입니까?
○○haeng yeolchaneun eodiimnikka

Where's the train for Paris?

웨어즈 더 트레인 훠 패리스

☐ 이건 마드리드행입니까?
igeon ○○haengimnikka

Is this for Madrid?

이즈 디스 훠 마드릿

❏ (표를 보여주며) 이 열차 맞습니까?
i yeolcha matseumnikka

Is this my train?
이즈 디스 마이 트레인

❏ 이 열차는 예정대로 출발합니까?
i yeolchaneun yejeongdaero chulbalhamnikka

Is this train on schedule?
이즈 디스 트레인 온 스케쥴

❏ 도중에 하차할 수 있습니까?
dojunge hachahal su itseumnikka

Can I have a stopover?
캔아이 해버 스탑오버

❏ 열차를 놓쳤습니다.
yeolchareul notcheotseumnida

I missed my train.
아이 미스트 마이 트레인

✈ 열차 안에서

❏ 거기는 제 자리입니다.
geogineun je jariimnida

That's my seat.
댓츠 마이 씻

❏ 이 자리는 비어 있나요?
i jarineun bieo innayo

Is this seat taken?
이즈 디스 씻 테이큰

교통 열차를 이용할 때

- 창문을 열어도 되겠습니까?
  changmuneul yeoreodo doegetseumnikka

  May I open the window?
  메아이 오픈 더 윈도우

- 식당차는 어디에 있습니까?
  sikdangchaneun eodie itseumnikka

  Where's the dining car?
  웨어즈 더 다이닝 카

- (여객전무) 도와 드릴까요?
  dowa deurilkkayo

  May I help you?
  메아이 핼퓨

- 로마까지 몇 시간입니까?
  romakkaji myeot siganimnikka

  How many hours to Rome?
  하우 메니 아우어즈 투 로움

- (국경을 통과할 때) 여권을 보여 주십시오.
  yeogwoneul boyeo jusipsio

  May I see your passport?
  메아이 씨 유어 패스폿

- 네, 여기 있습니다.
  ne, yeogi itseumnida

  Here it is.
  히어 이리즈

- 잠시 기다려 주십시오.
  jamsi gidaryeo jusipsio

  Just a minute, please.
  저스터 미닛, 플리즈

- 여기는 무슨 역입니까?
  yeogineun museun yeogimnikka

  What station is this?
  왓 스테이션 이즈 디스

- 다음 역은 무슨 역입니까?
  daeum yeogeun museun yeogimnikka

  What's the next station?
  왓츠 더 넥슷 스테이션

✈ 문제가 생겼을 때

- 표를 잃어버렸습니다.
  pyoreul ireobeoryeotseumnida

  I lost my ticket.
  아이 로슷 마이 티킷

- 내릴 역을 지나쳤습니다.
  naeril yeogeul jinacheotseumnida

  I missed my station.
  아이 미스트 마이 스테이션

- 이 표는 아직 유효합니까?
  i pyoneun ajik yuhyohamnikka

  Is this ticket still valid?
  이즈 디스 티킷 스틸 밸리드

UNIT 06

Travel English

비행기를 이용할 때

항공기는 설령 예약을 해두었더라도 여행지 또는 환승지에 3일 이상 체재하는 경우에는 출발 72시간 전에 다음 목적지까지의 예약을 항공사에 재확인해야 합니다 (reconfirm). 재확인을 하지 않으면 예약이 자동으로 취소되거나 예약이 되어 있지 않는 경우도 있습니다.

[
(비행기 좌석) _____ (으)로 부탁합니다.
_____ (eu)ro butakamnida

_____ , please.
, 플리즈
]

- 금연석 geumyeonseok Non-smoking 난 스모킹
- 흡연석 heubyeonseok Smoking seat 스모킹 씻
- 창가석 changgaseok Window seat 윈도우 씻
- 통로석 tongnoseok Aisle seat 아일 씻

Q: 여보세요. 유나이티드 항공입니다.
yeoboseyo. ○○hanggongimnida

Hello. This is United Airlines.
헬로우. 디씨즈 유나이티드 에얼라인즈

A: 예약을 재확인하고 싶은데요.
yeyageul jaehwaginhago sipeundeyo

I'd like to reconfirm my flight.
아이드 라잌 투 리컨훰 마이 훌라잇

✈ 항공권 예약

☐ 비행기 예약을 부탁합니다.
bihaenggi yeyageul butakamnida

I'd like to reserve a flight.
아이드 라잌 투 리저버 훌라잇

☐ 내일 로스앤젤레스행 비행기가 있습니까?
naeil ○○haeng bihaenggiga itseumnikka

Do you have a flight to Los Angeles.
두 유 해버 훌라잇 투 로샌절러스

☐ 일찍 가는 비행기로 부탁합니다.
iljjik ganeun bihaenggiro butakamnida

I'd like an earlier flight.
아이드 라이컨 얼리어 훌라잇

☐ 늦게 가는 비행기로 부탁합니다.
neutge ganeun bihaenggiro butakamnida

I'd like a later flight.
아이드 라이커 래이터 훌라잇

☐ 성함과 편명을 말씀하십시오.
seonghamgwa pyeonmyeongeul malsseumhasipsio

What's your name and flight number?
왓츄어 네임 앤 훌라잇 넘버

☐ 출발시간을 확인하고 싶은데요.
chulbalsiganeul hwaginhago sipeundeyo

I'd like to make sure of the time it leaves.
아이드 라잌 투 메이크 슈어럽 더 타임 잇 리브즈

교통

비행기를 이용할 때

✈ 체크인과 탑승

❏ 유나이티드 항공 카운터는 어디입니까?
○○hanggong kaunteoneun eodiimnikka

Where's the United Airlines counter?
웨어즈 더 유나이티드 에얼라인즈 카운터

❏ 지금 체크인할 수 있습니까?
jigeum chekeuinhal su itseumnikka

Can I check in now?
캔 아이 첵킨 나우

❏ 항공권은 가지고 계십니까?
hanggonggwoneun gajigo gyesimnikka

Do you have a ticket?
두 유 해버 티킷

❏ 예, 여기 있습니다.
ye, yeogi itseumnida

Here it is.
히어리디즈

❏ 금연석 통로 쪽으로 부탁합니다.
geumyeonseok tongno jjogeuro butakamnida

An aisle seat in the non-smoking section, please.
언 아일 씨린 더 난-스모킹 섹션, 플리즈

❏ 이 짐은 기내로 가지고 갑니다.
i jimeun ginaero gajigo gamnida

This is a carry-on bag.
디씨즈 어 캐리-온 백

- 요금은 어떻게 됩니까?
yogeumeun eotteoke doemnikka

 What's the fare?

 왓츠 더 훼어

- 몇 번 출구로 나가면 됩니까?
myeot beon chulguro nagamyeon doemnikka

 Which gate should I go to?

 위치 게잇 슈다이 고 투

- 이건 샌디에이고행 출구입니까?
igeon ○○haeng chulguimnikka

 Is this the gate to San Diego?

 이즈 디스 더 게잇 투 샌디에이고

- 비행은 예정대로 출발합니까?
bihaengeun yejeongdaero chulbalhamnikka

 Is the flight on time?

 이즈 더 훌라잇 온 타임

- 이 짐을 맡길게요.
i jimeul matgilgeyo

 I'll check this baggage.

 아이윌 첵 디스 배기쥐

- 탑승이 시작되었나요?
tapseungi sijakdoeeonnayo

 Has boarding begun?

 해스 보딩 비건

교통 비행기를 이용할 때

❏ 도로표지판

양보	YIELD
일시정지	STOP
우측통행	KEEP RIGHT
추월금지	DO NOT PASS
진입금지	DO NOT ENTER
제한속도	SPEED LIMIT
일방통행	ONE WAY
주차금지	NO PARKING

UNIT 07

Travel English

렌터카를 이용할 때

렌터카를 빌릴 때는 여권과 국제면허증이 필요합니다. 만일을 대비하여 보험도 잊지 말고 꼭 들어둡시다. 관광시즌에는 한국에서 출발하기 전에 미리 렌터카 회사에 예약을 해두는 게 좋습니다. 신청할 때는 지불보증으로서 신용카드를 요구하는 경우가 많으므로 카드를 준비해둡시다.

_____ 차를 1주일간 빌리고 싶은데요.

_____ chareul iljuilgan billigo sipeundeyo

_____ car for a week, please.

카 훠러 웍, 플리즈

□ 소형	sohyeong	A compact	어 컴팩
□ 중형	junghyeong	A mid-size	어 미드 사이즈
□ 대형	daehyeong	A large	어 라쥐
□ 오토매틱	otomaetik	An automatic	언 오러매릭

Q: 차를 빌리고 싶은데요.

chareul billigo sipeundeyo

I'd like to rent a car.

아이드 라잌 투 렌터 카

A: 어떤 차가 좋겠습니까?

eotteon chaga joketseumnikka

What kind of car do you want?

왓 카인덥 카 두 유 원

✈ 렌터카를 이용할 때

□ (공항에서) 렌터카 카운터는 어디에 있습니까?
renteoka kaunteoneun eodie itseumnikka

Where's the rent a car counter?
웨어즈 더 렌터 카 카우너

□ 예약을 한 사람인데요.
yeyageul han saramindeyo

I have a reservation.
아이 해버 레저베이션

□ 어느 정도 운전할 예정이십니까?
eoneu jeongdo unjeonhal yejeongisimnikka

How long will you need it?
하우 롱 윌 유 니드 잇

□ 1주간입니다.
iljuganimnida

For a week.
풔러 윅

□ 차를 3일간 빌리고 싶습니다.
chareul samilgan billigo sipseumnida

I'd like to rent a car for three days.
아이드 라익 투 렌터 카 풔 쓰리 데이즈

□ 이것이 제 국제운전면허증입니다.
igeosi je gukjeunjeonmyeonheojeungimnida

Here's my international driver's license.
히어즈 마이 이너내이셔널 드라이버즈 라인선스

✈ 차종을 고를 때

❏ 어떤 차가 있습니까?
eotteon chaga itseumnikka

What kind of cars do you have?
왓 카인업 카스 두 유 해브

❏ 렌터카 목록을 보여 주시겠어요?
renteoka mongnogeul boyeo jusigesseoyo

Can I see your rent a car list?
캔아이 씨 유어 렌터 카 리슷

❏ 어떤 타입의 차가 좋으시겠습니까?
eotteon taibui chaga joeusigetseumnikka

What type of car would you like?
왓 타입 업 카 우쥬 라잌

❏ 중형차를 빌리고 싶은데요.
junghyeongchareul billigo sipeundeyo

I'd like a mid-size car.
아이드 라이커 미드 싸이즈 카

❏ 오토매틱밖에 운전하지 못합니다.
otomaetikbakke unjeonhaji motamnida

I can only drive an automatic.
아이 캔 오운리 드라이번 오러매릭

❏ 오토매틱 스포츠카를 부탁합니다.
otomaetik seupocheukareul butakamnida

I'd like an automatic sports car.
아이드 라이컨 오러매릭 스포츠 카

✈ 렌터카 요금과 보험

☐ 선불이 필요합니까?
seonburi piryohamnikka

Do I need a deposit?
두 아이 니더 디파짓

☐ 보증금은 얼마입니까?
bojeunggeumeun eolmaimnikka

How much is the deposit?
하우 머치즈 더 디파짓

☐ 1주간 요금은 얼마입니까?
iljugan yogeumeun eolmaimnikka

What's the rate per week?
왓츠 더 레잇 퍼 웍

☐ 특별요금은 있습니까?
teukbyeoryogeumeun itseumnikka

Do you have any special rates?
두 유 해버니 스페셜 레이츠

☐ 그 요금에 보험은 포함되어 있습니까?
geu yogeume boheomeun pohamdoeeo itseumnikka

Does the price include insurance?
더즈 더 프라이스 인클룻 인슈어런스

☐ 종합보험을 들어 주십시오.
jonghapboheomeul deureo jusipsio

With comprehensive insurance, please.
위드 캄프리헨시브 인슈어런스, 플리즈

UNIT 08 차를 운전할 때

미국에서는 스쿨버스가 어린이들의 승하차를 위해 정차하고 있을 때 뒷차는 정차하여 기다려야 합니다. 중앙분리대가 없는 일반도로에서는 맞은편에서 오는 모든 차도 정차해야 합니다. 주차금지 구역에 차를 세우면, 미국에서는 즉각 딱지를 떼어 렉카가 끌고 가버리고, 유럽에서는 바퀴를 잠가버립니다.

차의 _____ 이상합니다.
chaui _____ isanghamnida

The _____ isn't working right.
더 _____ 이즌 워킹 롸잇

☐ 엔진　　　　　enjin　　　　　engine　　　　엔진
☐ 배터리　　　　baeteori　　　　battery　　　　배터리
☐ 액셀러레이터　aekselleoreiteo　accelerator　　액셀러레이러
☐ 브레이크　　　beureikeu　　　brakes　　　　브레익스

Q: (기름을) 가득 채워 주세요.
gadeuk chaewo juseyo
Fill it up, please.
휠리덥, 플리즈

A: 잠시 기다리십시오.
jamsi gidarisipsio
I'll be right with you.
아일 비 롸잇 위듀

차를 운전할 때

☐ 긴급연락처를 알려 주시겠어요?
gingeubyeollakcheoreul allyeo jusigesseoyo

Where should I call in case of an emergency?
웨어 슈다이 콜인 케이섭 언 이머전시

☐ 도로지도를 주시겠습니까?
dorojidoreul jusigetseumnikka

Can I have a road map?
캔 아이 해버 로드 맵

☐ 샌디에이고는 어느 길로 가면 됩니까?
○○neun eoneu gillo gamyeon doemnikka

Which way to San Diego?
위치 웨이 투 샌디에이고

☐ 5호선으로 남쪽으로 가세요.
○seoneuro namjjogeuro gaseyo

Take the 5 South.
테익 더 화이브 싸우스

☐ 곧장입니까, 아니면 왼쪽입니까?
gotjangimnikka, animyeon oenjjogimnikka

Straight? Or to the left?
스트레잇 오어 투 더 랩트

☐ 몬트레이까지 몇 마일입니까?
○○kkaji myeot mairimnikka?

How many miles to Monterey?
하우 메니 마일즈 투 몬터레이

교통

차를 운전할 때

☐ 차로 디즈니랜드는 어느 정도 걸립니까?
charo ○○neun eoneu jeongdo geollimnikka

How far is it to Disneyland by car?
하우 화 이짓 투 디즈니랜드 바이 카

☐ 가장 가까운 교차로는 어디입니까?
gajang gakkaun gyocharoneun eodiimnikka

What's the nearest intersection?
왓츠 더 니어리숫 인터섹션

✈ 주유·주차할 때

☐ 이 근처에 주유소가 있습니까?
i geuncheoe juyusoga itseumnikka

Is there a gas station near by?
이즈 데어러 개스테이션 니어 바이

☐ 가득 넣어 주세요.
gadeuk neoeo juseyo

Fill it up, please.
휠리럽, 플리즈

☐ 선불입니까, 후불입니까?
seonburimnikka, huburimnikka

Do I pay now or later?
두 아이 페이 나우 오어 래러

☐ 여기에 주차해도 됩니까?
yeogie juchahaedo doemnikka

Can I park my car here?
캔 아이 팍 마이 카 히어

차 트러블

□ 배터리가 떨어졌습니다.
baeteoriga tteoreojeotseumnida

The battery is dead.
더 배터리 이즈 데드

□ 펑크가 났습니다.
peongkeuga natseumnida

I got a flat tire.
아이 가러 홀랫 타이어

□ 시동이 걸리지 않습니다.
sidongi geolliji anseumnida

I can't start the engine.
아이 캔 스탓 디 엔진

□ 브레이크가 잘 안 듣습니다.
beureikeuga jal an deutseumnida

The brakes don't work properly.
더 브레익스 돈 워크 프라퍼리

□ 고칠 수 있습니까?
gochil su itseumnikka

Can you repair it?
캔 유 리페어릿

□ 차를 돌려드리겠습니다.
chareul dollyeodeurigetseumnida

I'll return the car.
아일 리턴 더 카

거리에서 볼 수 있는 게시판

CAUTION	주의
MIND YOUR STEP	발밑 주의
WATCH YOUR HEAD	머리 조심
DANGER	위험
DON'T WALK	건너지 마시오
WALK	건너시오
NO TRESPASSING	무단 침입금지
WET PAINT	페인트 주의
OUT OF ORDER	고장
NOT IN USE	사용중지
NO PARKING	주차금지
PARKING-LOT	주차장
NO STANDING	정차금지
KEEP OFF GRASS	잔디에 들어가지 마시오
KEEP OUT / NO ADMITTANCE / NO ENTRANCE	출입금지
ROAD CLOSED	통행금지
ONE-WAY	일방통행
EXIT	출구
TRANSFER	갈아타는 곳
TICKET OFFICE	매표소

PART **6**

관광

관광안내소에서
관광지에서
관람을 할 때
사진을 찍을 때
오락을 즐길 때
스포츠를 즐길 때

Travel Information
관광에 관한 정보

✈ 관광을 나서기 전에

관광을 하기 전에 대개 현지의 호텔이나 관광 안내소 등에 놓여 있는 그 도시에 관한 지도와 시내 지도를 입수하는 게 좋다. 이 지도에는 보통 관광 요령과 관광 명소 등이 수록되어 있으므로 자신에게 흥미 있는 곳을 체크해 두고 한정된 체류 기간 안에 어떻게 효율적으로 볼 것인가를 생각한다. 시간이 별로 없을 경우에는 우선 관광버스를 타고 돌면서 대충의 윤곽과 물정을 익힌 뒤 자기 마음에 드는 곳을 중점적으로 돌아보는 것도 하나의 방법이다.

그저 막연히 거리를 쏘다녀 보는 것도 한 가지 방법이겠지만, 취미나 목적에 따라 계획을 세워보는 것도 즐거운 여행이 될 것이다.

✈ 여행을 안전하게 하려면?

해외여행은 기후, 시차 및 식사 등의 갑작스러운 변화로 쉽게 피로해져 질병에 감염되기 쉽고, 교통수단 등의 환경 변화로 인한 예측 불허의 사고 요인을 만날 수 있다. 또한 출국 전에 건강 상태를 체크하여 미심쩍은 점은 미리 완전히 치료를 끝마쳐 두어야 한다. 서구의 의료 제도는 거의 분업제로서 병원은 완전 예약제이며, 약국에서 살 수 있는 약은 간단한 외용, 복통, 감기약 등이 있고, 항생제 등은 의사의 처방전이 없으면 구입할 수 없다. 그러므로 여행을 떠날 때 비상약인 위장약, 감기약, 진통제 등은 가지고 가는 것이 좋다.

✈ 주요 영어권 국가

미국은 200년의 짧은 역사로 인해 오랜 문화와 역사를 탐사하는 여행으로는 적합하지 않다. 또한 대부분의 관광지나 구경거리가 넓게 퍼져 있어서 유럽처럼 걷거나 대중교통을 이용하는 배낭여행으로는 적합하지 않다.

그러나 선진국 중에서는 가장 물가가 싸고, 우리에게 잘 알려져 있는 그랜드캐년, 나이아가라 폭포, 요세미티공권 등 천혜의 자연경관을 가지고 있고, 1년 내내 4계절을 동시에 즐길 수 있기도 하다.

특히 전세계에서 몰려온 이민자들 덕분에 전세계 문화를 복합적으로 느낄 수 있고, 또한 전세계 음식을 한곳에서 맛볼 수 있기도 하다. 아마도 쉬고 즐기기 위해 여행을 한다면 미국만큼 좋은 나라는 없을 것이다. 미국을 여행하려면 기본적으로 자동차가 있어야 한다.

세계에서 두 번째로 넓은 면적을 가지고 있는 광대한 나라 캐나다(Canada)는 북아메리카의 3분의 1정도로 북미에서 큰 비중을 차지하고 있는 나라이다. 또한 우리나라 인구의 2분의 1정도밖에 되지 않는다. 따라서 수많은 한국인들이 캐나다로 이민을 가고 싶어 한다.

아무런 생산을 하지 않아도 나무만으로도 200여년 동안 살 수 있다는 캐나다는 유리같이 맑은 호수와 빙하로 둘러싸인 거대한 록키산맥(Canadian Rockies)과 울창한 나무에서 뿜어 나오는 자연의 매력과 감동을 느낄 수 있다. 청순한 단풍 깃발의 이미지와는 대조적으로 고집스런 프랑스계와 명예를 존중하는 영국계, 그리고 미국계의 자유로움이 삼원색의 미묘한 조화를 이루는 선진국이기도 하다.

 영국은 세계사에서 가장 큰 영향을 미친 나라로 인구 57000여만 명의 섬나라이다. 「대영제국에 해가 지는 날이 없다.」라며 온 세계에 그 세력을 떨치던 나라였지만 2차 세계대전과 IMF한파를 계기로 해가 지는 섬나라로 움츠러들었다. 그러나 세계어인 영어의 본고장, 의회 민주주의 산업혁명의 발상지로서의 명성은 여전히 영국의 저력으로 남아있다.

지독히 보수적인 나라이면서도 비틀즈, 미니스커트, 펑크 등, 최첨단의 문화를 만들어내는 포용성과 창의성은 셰익스피어 문학의 모태가 되었던 영국이 오늘날까지도 최고의 자부심으로 관광객을 맞이하게 하는 원동력이라 하겠다.

호주는 세계에서 가장 큰 섬, 세계에서 가장 작은 대륙이다.
호주는 짧은 역사에도 불구하고 풍부한 천연자원과 천혜의 자연경관으로 관광대국뿐 아니라, 이미 선진국 대열에 들어선 경제대국이다.

호주는 1770년 영국의 쿡선장이 보타니 베이에 정박하기 전까지 에버리진(Aborigine)이라 불리는 호주 원주민들이 평화롭게 지냈던 지구 남반구(Down Under) 대륙이었다. 1780년 영국에서 약 75%의 죄수들과 관료, 관리들이 시드니 항 The Rocks에 정착하여 각종 건축 구조물 등을 세우면서 인구가 증가되며 1793년에는 자유이민이 시작되었다.

1851년에는 호주에서는 금이 발견되면서 「골드러쉬(Gold Rush)」가 일어나 중국에서 수많은 채광 노무자들이 이주하면서 약 10년 후에는 인구가 약 1백만 명에 육박하였다. 1860년에 호주에는 백호주의 조합이 생겨 백인만의 이민정책이 이루어졌다.

UNIT 01

관광안내소에서

관광의 첫걸음은 관광안내소에서 시작됩니다. 대부분이 시내의 중심부에 있는 볼거리 소개부터 버스 예약까지 여러 가지 서비스를 제공하고 있습니다. 미국에서는 [?], 유럽에서는 [i]로 표시되어 있습니다. 무료의 시내지도, 지하철, 버스 노선도 등이 구비되어 있는 경우가 많으므로 정보수집에 편리합니다.

[_____ 투어는 있나요?
_____ tueoneun innayo

Do you have a _____ tour?
두 유 해버   투어]

□ 1일	iril	full day	풀 데이
□ 반나절	bannajeol	half-day	하프 데이
□ 야간	yagan	night	나잇
□ 당일치기	dangilchigi	come back in a day	컴 백 이너 데이

Q: 뉴욕 시내를 관광하고 싶은데요.
○○ sinaereul gwangwanghago sipeundeyo
I'd like to see the sights of New York.
아이드 라잌 투 씨 더 사잇츠 업 뉴욕

A: 투어에 참가하시겠습니까?
tueoe chamgahasigetseumnikka
Are you interested in a tour?
아 유 인터리스티드 이너 투어

✈ 관광안내소에서

❏ 관광안내소는 어디에 있습니까?
gwangwangannaesoneun eodie itseumnikka

Where is the tourist information office?
웨어리즈 더 투어리슷 인훠메이션 어휘스

❏ 이 도시의 관광안내 팸플릿이 있습니까?
i dosiui gwangwangannae paempeullisi itseumnikka

Do you have a sightseeing brochure for this town?
두 유 해버 싸잇씽 브로슈어 훠 디스 타운

❏ 무료 시내지도는 있습니까?
muryo sinaejidoneun itseumnikka

Do you have a free city map?
두 유 해버 후리 씨티 맵

❏ 관광지도를 주시겠어요?
gwangwangjidoreul jusigesseoyo

Can I have a sightseeing map?
캔 아이 해버 싸잇씽 맵

❏ 여기서 볼 만한 곳을 가르쳐 주시겠어요?
yeogiseo bol manhan goseul gareucheo jusigesseoyo

Could you recommend some interesting places?
쿠쥬 레커멘드 썸 인터리스팅 플레이시즈

❏ 당일치기로 어디에 갈 수 있습니까?
dangilchigiro eodie gal su itseumnikka

Where can I go for a day trip?
웨어 캔 아이 고우 훠러 데이 트립

관광 | 관광안내소에서

☐ 경치가 좋은 곳을 아십니까?
gyeongchiga joeun goseul asimnikka

Do you know a place with a nice view?
두 유 노우 어 플레이스 위더 나이스 뷰

☐ 젊은 사람이 가는 곳은 어디입니까?
jeolmeun sarami ganeun goseun eodiimnikka

Where's good place for young people?
웨어즈 굿 플레이스 훠 영 피플

☐ 거기에 가려면 투어에 참가해야 합니까?
geogie garyeomyeon tueoe chamgahaeya hamnikka

Do I have to join a tour to go there?
두 아이 해브 투 조이너 투어 투 고 데어

☐ 유람선은 있습니까?
yuramseoneun itseumnikka

Are there any sightseeing boats?
아 데어래니 싸잇씽 보우츠

☐ 여기서 표를 살 수 있습니까?
yeogiseo pyoreul sal su itseumnikka

Can I buy a ticket here?
캔 아이 바이 어 티킷 히어

☐ 할인 티켓은 있나요?
harin tikeseun innayo

Do you have some discount tickets?
두 유 해브 썸 디스카운 티켓츠

❏ 지금 축제는 하고 있나요?
jigeum chukjeneun hago innayo

Are there any festivals now?
아 데어래니 페스티벌스 나우

❏ 벼룩시장 같은 것은 있나요?
byeoruksijang gateun geoseun innayo

Is there a flea market or something?
이즈 데어러 프리 마켓 오어 썸씽

✈ 거리·시간 등을 물을 때

❏ 여기서 멉니까?
yeogiseo meomnikka

Is it far from here?
이짓 화 후럼 히어

❏ 여기서 걸어서 갈 수 있습니까?
yeogiseo georeoseo gal su itseumnikka

Can I walk down there?
캔 아이 웍 다운 데어

❏ 왕복으로 어느 정도 시간이 걸립니까?
wangbogeuro eoneu jeongdo sigani geollimnikka

How long does it take to get there and back?
하우 롱 더짓 테익 투 겟 데어 앤 백

❏ 버스로 갈 수 있습니까?
beoseuro gal su itseumnikka

Can I go there by bus?
캔 아이 고우 데어 바이 버스

관광 관광안내소에서

✈ 투어를 이용할 때

❏ 관광버스 투어는 있습니까?
gwangwangbeoseu tueoneun itseumnikka

Is there a sightseeing bus tour?
이즈 데어러 싸잇씽 버스 투어

❏ 어떤 투어가 있습니까?
eotteon tueoga itseumnikka

What kind of tours do you have?
왓 카인덥 투어스 두 유 해브

❏ 어디서 관광투어를 신청할 수 있습니까?
eodiseo gwangwangtueoreul sincheonghal su itseumnikka

Where can I book a sightseeing tour?
웨어 캔아이 부커 싸잇씽 투어

❏ 투어는 매일 있습니까?
tueoneun maeil itseumnikka

Do you have tours every day?
두 유 해브 투어즈 애브리 데이

❏ 오전 코스는 있습니까?
ojeon koseuneun itseumnikka

Is there a morning tour?
이즈 데어러 모닝 투어

❏ 오후 코스는 있습니까?
ohu koseuneun itseumnikka

Is there a afternoon tour?
이즈 데어러 애후터눈 투어

❑ 야간관광은 있습니까?
yagangwangwangeun itseumnikka

Do you have a night tour?
두 유 해버 나잇 투어

❑ 투어는 몇 시간 걸립니까?
tueoneun myeot sigan geollimnikka

How long does it take to complete the tour?
하우 롱 더짓 테익 투 컴플릿 더 투어

❑ 식사는 나옵니까?
siksaneun naomnikka

Are any meals included?
아 애니 밀스 인클루딧

❑ 몇 시에 출발합니까?
myeot sie chulbalhamnikka

What time do you leave?
왓 타임 두 유 리브

❑ 어디서 출발합니까?
eodiseo chulbalhamnikka

Where does it start?
웨어 더짓 스탓

❑ 한국어 가이드는 있나요?
hangugeo gaideuneun innayo

Do we have Korean-speaking guide?
두 위 해브 코리언-스피킹 가이드

UNIT 02

Travel English

관광지에서

미술관이나 박물관은 휴관일을 확인하고 나서 예정을 잡읍시다. 요일에 따라서 개관을 연장하거나 할인요금이나 입장료가 달라지는 곳도 있으므로 가이드북을 보고 확인합시다. 교회나 성당은 관광지이기 전에 종교상의 신성한 건물입니다. 들어갈 때 정숙하지 못한 복장이나 소란은 삼가야 합니다.

[
　　　_____ 은(는) 어느 정도입니까?
　　　_____ eun(neun) eoneu jeongdoimnikka

How _____ is it?
하우　　　　　　　　이짓
]

☐ 높이	nopi	high	하이
☐ 넓이	neolbi	width	위드쓰
☐ 역사(오래됨)	yeoksa	old	올드
☐ 길이	giri	long	롱

Q: 오늘 투어에 참가할 수 있습니까?
oneul tueoe chamgahal su itseumnikka

Can I join today's tour?
캔 아이 죠인 투데이즈 투어

A: 죄송합니다만, 미리 예약을 하셔야 합니다.
joesonghamnidaman, miri yeyageul hasyeoya hamnida

Sorry, you have to book it in advance.
쏘리, 유 해브 투 부킷 인 어드밴스

관광버스 안에서

❑ 저것은 무엇입니까?
jeogeoseun mueosimnikka

What is that?
와리즈 댓

❑ 저것은 무슨 강입니까?
jeogeoseun museun gangimnikka

What is the name of that river?
와리즈 더 네임 업 댓 리버

❑ 저것은 무슨 산입니까?
jeogeoseun museun sanimnikka

What is the name of that mountain?
와리즈 더 네임 업 댓 마운턴

❑ 여기서 얼마나 머뭅니까?
yeogiseo eolmana meomumnikka

How long do we stop here?
하우 롱 두 위 스탑 히어

❑ 시간은 어느 정도 있습니까?
siganeun eoneu jeongdo itseumnikka

How long do we have?
하우 롱 두 위 해브

❑ 몇 시에 버스로 돌아오면 됩니까?
myeot sie beoseuro doraomyeon doemnikka

By what time should I be back to the bus?
바이 왓 타임 슈다이 비 백 투 더 버스

관광 / 관광지에서

✈ 관광을 하면서

☐ 전망대는 어떻게 오릅니까?
jeonmangdaeneun eotteoke oreumnikka

How can I get up to the observatory?
하우 캔 아이 게럽 투 더 업저버터리

☐ 저 건물은 무엇입니까?
jeo geonmureun mueosimnikka

What is that building?
와리즈 댓 빌딩

☐ 누가 살았습니까?
nuga saratseumnikka

Who lived here?
후 리븟 히어

☐ 언제 세워졌습니까?
eonje sewojeotseumnikka

When was it built?
웬 워짓 빌트

☐ 퍼레이드는 언제 있습니까?
peoreideuneun eonje itseumnikka

What time do you have the parade?
왓 타임 두 유 해브 더 퍼레이드

☐ 몇 시에 돌아와요?
myeot sie dorawayo

What time will we come back?
왓 타임 윌 위 컴 백

기념품점에서

□ 그림엽서는 어디서 삽니까?
geurimyeopseoneun eodiseo samnikka

Where can I buy picture postcards?
웨어 캔 아이 바이 픽쳐 포슷카즈

□ 그림엽서는 있습니까?
geurimyeopseoneun itseumnikka

Do you have picture postcards?
두 유 해브 픽쳐 포슷카즈

□ 기념품 가게는 어디에 있습니까?
ginyeompum gageneun eodie itseumnikka

Where is the gift shop?
웨어리즈 더 깁트 샵

□ 기념품으로 인기 있는 것은 무엇입니까?
ginyeompumeuro ingi inneun geoseun mueosimnikka

Could you recommend something popular for a souvenir?
쿠쥬 레커멘드 썸씽 파퓰러 훠러 수버니어

□ 무슨 먹을 만한 곳은 있습니까?
museun meogeul manhan goseun itseumnikka

Is there a place where I can eat something?
이즈 데어러 플레이스 웨어라이 캔 잇 썸씽

□ 이 박물관의 오리지널 상품입니까?
i bangmulgwanui orijineol sangpumimnikka

Is it an original to this museum?
이짓 언 오리지널 투 디스 뮤지엄

관광

관광지에서

UNIT 03 Travel English

관람을 할 때

그 도시의 정보지 등에서 뮤지컬이나, 연극, 콘서트 등 보고 싶은 것을 찾아서 호텔의 인포메이션이나 관광안내소에서 예약을 해두는 것이 좋습니다. 표는 극장의 창구에서 사는 것이 가장 확실합니다. 적어도 공연의 3일전쯤에는 예매를 해두어야 합니다. 미국이나 유럽의 대도시에는 당일권을 반액으로 파는 경우도 있습니다.

[
지금 인기 있는 _____ 은(는) 무엇입니까?

jigeum ingi inneun _____ eun(neun) mueosimnikka

Is there a popular _____ playing?

이즈 데어러 파퓰러 플레잉
]

- ☐ 영화   yeonghwa   movie   무비
- ☐ 오페라   opera   opera   아퍼러
- ☐ 뮤지컬   myujikeol   musical   뮤지컬
- ☐ 경기   gyeonggi   play   플레이

Q : 우리들 자리는 어디죠?
urideul jarineun eodijyo

Where're the seats?

웨어러 더 씻츠

A : 안내해 드리겠습니다.
annaehae deurigetseumnida

Please follow me.

플리즈 훨로우 미

✈ 입장료를 구입할 때

❑ 티켓은 어디서 삽니까?
tikeseun eodiseo samnikka

Where can I buy a ticket?
웨어 캔 아이 바이어 티켓

❑ 입장료는 유료입니까?
ipjangnyoneun yuryoimnikka

Is there a charge for admission?
이즈 데어러 챠지 휘 애드미션

❑ 입장료는 얼마입니까?
ipjangnyoneun eolmaimnikka

How much is the admission fee?
하우 머치즈 더 애드미션 휘

❑ 어른 2장 주세요.
eoreun dujang juseyo

Two adults, please.
투 어덜츠, 플리즈

❑ 학생 1장 주세요.
haksaeng hanjang juseyo.

One student, please.
원 스튜던, 플리즈.

❑ 단체할인은 있습니까?
dancheharineun itseumnikka

Do you have a group discount?
두 유 해버 그룹 디스카운

미술관에서

☐ 이 티켓으로 모든 전시를 볼 수 있습니까?
i tikeseuro modeun jeonsireul bol su itseumnikka

Can I see everything with this ticket?
캔 아이 씨 애브리씽 위디스 티킷

☐ 무료 팸플릿은 있습니까?
muryo paempeulliseun itseumnikka

Do you have a free brochure?
두 유 해버 후리 브로슈어

☐ 짐을 맡아 주세요.
jimeul mata juseyo

I'd like to check this baggage.
아이드 라잌 투 첵 디스 배기쥐

☐ 특별전을 하고 있습니까?
teukbyeoljeoneul hago itseumnikka

Are there any temporary exhibitions?
아 데어래니 템퍼러리 엑서비션스

☐ 관내를 안내할 가이드는 있습니까?
gwannaereul annaehal gaideuneun itseumnikka

Is there anyone who can guide me?
이즈 데어래니원 후 캔 가이드 미

☐ 이 그림은 누가 그렸습니까?
i geurimeun nuga geuryeotseumnikka

Who painted this picture?
후 페인팃 디스 픽춰

✈ 박물관에서

☐ 그 박물관은 오늘 엽니까?
geu bangmulgwaneun oneul yeomnikka

Is the museum open today?
이즈 더 뮤지엄 오픈 투데이

☐ 단체할인은 있나요?
dancheharineun innayo

Do you have a group discount?
두유 해버 그룹 디스카운

☐ 재입관할 수 있습니까?
jaeipgwanhal su itseumnikka

Can I reenter?
캔 아이 리엔터

☐ 내부를 견학할 수 있습니까?
naebureul gyeonhakal su itseumnikka

Can I take a look inside?
캔 아이 테이커 룩 인사이드

☐ 출구는 어디입니까?
chulguneun eodiimnikka

Where is the exit?
웨어리즈 더 에그짓

☐ 화장실은 어디입니까?
hwajangsireun eodiimnikka

Where is the rest room?
웨어리즈 더 레슷 룸

✈ 극장에서

☐ 극장 이름은 뭡니까?
geukjang ireumeun mwomnikka

What's the name of the theater?
왓츠 더 네임 업 더 씨어터

☐ 오늘밤에는 무엇을 상영합니까?
oneulbameneun mueoseul sangyeonghamnikka

What's on tonight?
왓촌 투나잇

☐ 재미있습니까?
jaemiitseumnikka

Is it good?
이짓 굿

☐ 누가 출연합니까?
nuga churyeonhamnikka

Who appears on it?
후 어피어즈 온 잇

☐ 오늘 표는 아직 있습니까?
oneul pyoneun ajik itseumnikka

Are today's tickets still available?
아 투데이즈 티키츠 스틸 어붸일러블

☐ 몇 시에 시작됩니까?
myeot sie sijakdoemnikka

What time does it start?
왓 타임 더짓 스탓

콘서트 · 뮤지컬

☐ 뮤지컬을 보고 싶은데요.
myujikeoreul bogo sipeundeyo

We'd like to see a musical.
위드 라익 투 씨 어 뮤지컬

☐ 여기서 티켓을 예약할 수 있나요?
yeogiseo tikeseul yeyakal su innayo

Can I make a ticket reservation here?
캔 아이 메이커 티켓 레저베이션 히어

☐ 이번 주 클래식 콘서트는 없습니까?
ibeon ju keullaesik konseoteuneun eopseumnikka

Are there any classical concerts this week?
아 데어래니 클래시컬 컨서츠 디스 윅

☐ 내일 밤 표 2장 주세요.
naeil bam pyo dujang juseyo

Two for tomorrow night, please.
투 휘 터머로우 나잇, 플리즈

☐ 가장 싼 자리는 얼마입니까?
gajang ssan jarineun eolmaimnikka

How much is the cheapest seat?
하우 머치즈 더 칩피슷 씻

☐ 가장 좋은 자리를 주세요.
gajang joeun jarireul juseyo

I'd like the best seats.
아이드 라익 더 베슷 씻츠

관광 관람을 할 때

UNIT 04 — Travel English

사진을 찍을 때

미술관이나 박물관에서는 사진촬영이 금지되어 있는 곳이 많으므로 게시판을 잘 살펴야 합니다. 삼각대, 플래시는 거의 금지되어 있습니다. 함부로 다른 사람에게 카메라를 향하는 것은 예의에 어긋나므로, 찍고 싶은 상대에게 허락을 받고 나서 사진을 찍어야 합니다.

_____ 필름 1통 주시겠어요?
_____ pilleum hantong jusigesseoyo

Can I have a roll of _____ film?
캔 아이 해버 롤 옵   휘음

- ☐ 컬러 keolleo — color — 컬러
- ☐ 흑백 heukbaek — black and white — 블랙 앤 화잇
- ☐ 24판 seumulletpan — 24 exposure — 트워니 훠 익스포우저
- ☐ 36판 seoreunyeoseotpan — 36 exposure — 써리 씩스 익스포우저

Q: 사진 한 장 찍어 주시겠어요?
sajin han jang jjigeo jusigesseoyo
Will you take a picture of me?
윌 유 테이커 픽처럽 미

A: 좋습니다. 어느 버튼을 누르면 됩니까?
joseumnida. eoneu beoteuneul nureumyeon doemnikka
Okay. Which button should I press?
오케이. 위치 버튼 슈다이 프레스

✈ 사진촬영을 허락받을 때

☐ 여기서 사진을 찍어도 됩니까?
yeogiseo sajineul jjigeodo doemnikka

May I take a picture here?
메아이 테이커 픽춰 히어

☐ 여기서 플래시를 터뜨려도 됩니까?
yeogiseo peullaesireul teotteuryeodo doemnikka

May I use a flash here?
메아이 유저 훌래쉬 히어

☐ 비디오 촬영을 해도 됩니까?
bidio chwaryeongeul haedo doemnikka

May I take a video?
메아이 테이커 뷔디오

☐ 당신 사진을 찍어도 되겠습니까?
dangsin sajineul jjigeodo doegetseumnikka

May I take your picture?
메아이 테이큐어 픽춰

☐ 함께 사진을 찍으시겠습니까?
hamkke sajineul jjigeusigetseumnikka

Would you take a picture with me?
우쥬 테이커 픽춰 위드 미

☐ 미안해요, 바빠서요.
mianhaeyo, bappaseoyo

Actually, I'm in a hurry.
액츄어리, 아임 이너 허리

관광 사진을 찍을 때

✈ 사진촬영을 부탁할 때

☐ 제 사진을 찍어 주시겠어요?
  je sajineul jjigeo jusigesseoyo

  Would you take a picture of me?
  우쥬 테이커 픽쳐 업 미

☐ 여기서 우리들을 찍어 주십시오.
  yeogiseo urideureul jjigeo jusipsio

  Please take a picture of us from here?
  플리즈 테이커 픽춰럽 어스 후럼 히어

☐ 셔터를 누르면 됩니다.
  syeoteoreul nureumyeon doemnida

  Just push the button.
  저슷 푸쉬 더 버튼

☐ 한 장 더 부탁합니다.
  han jang deo butakamnida

  One more, please.
  원 모어, 플리즈

☐ 나중에 사진을 보내드리겠습니다.
  najunge sajineul bonaedeurigetseumnida

  I'll send you the picture.
  아일 샌듀 더 픽춰

☐ 주소를 여기서 적어 주시겠어요?
  jusoreul yeogiseo jeogeo jusigesseoyo

  Could you write your address down here?
  쿠쥬 롸이츄어 어드레스 다운 히어

✈ 필름가게에서

☐ 이거하고 같은 컬러필름은 있습니까?
igeohago gateun keolleopilleumeun itseumnikka

Do you have the same color film as this?
두 유 해브 더 세임 컬러 휘음 애즈 디스

☐ 전지는 어디서 살 수 있나요?
jeonjineun eodiseo sal su innayo

Where can I buy a battery?
웨어 캔 아이 바이 어 배터리

☐ 어디서 현상할 수 있습니까?
eodiseo hyeonsanghal su itseumnikka

Where can I have this film developed?
웨어 캔아이 해브 디스 휘음 디벨럽트

☐ 이것을 현상해 주시겠어요?
igeoseul hyeonsanghae jusigesseoyo

Could you develop this film?
쿠쥬 디벨럽 디스 휘음

☐ 인화를 해 주시겠어요?
inhwareul hae jusigesseoyo

Could you make copies of this picture?
쿠쥬 메익 카피즈 업 디스 픽춰

☐ 언제 됩니까?
eonje doemnikka

When can I have it done by?
웬 캔 아이 해빗 던 바이

UNIT 05

오락을 즐길 때

미국이나 유럽의 나이트클럽은 커플이 입장하여 세련된 쇼나 댄스 등을 보면서 식사나 음주를 즐기는 장소입니다. 주위의 분위기를 깨지 않기 위해 남자는 넥타이와 재킷, 여성도 드레스를 입습니다. 미리 호텔의 프런트나 정보지로 가게의 분위기나 쇼의 내용을 확인해두는 것이 좋습니다.

[_____ 을(를) 주시겠어요?
_____ eul(reul) jusigesseoyo

May I have a _____ ?
메아이 해버]

- □ 위스키   wiseuki   **whiskey**   위스키
- □ 콜라   kolla   **coke**   코크
- □ 커피   keopi   **coffee**   커퓌
- □ 맥주   maekju   **beer**   비어

Q: 쇼는 언제 시작됩니까?
syoneun eonje sijakdoemnikka
When does the show start?
웬 더즈 더 쇼우 스탓

A: 곧 시작됩니다.
got sijakdoemnida
Very soon, sir.
베리 순, 써

나이트클럽에서

☐ 좋은 나이트클럽은 있나요?
joeun naiteukeulleobeun innayo

Do you know of a good nightclub?
두 유 노우 어뷔 굿 나잇클럽

☐ 디너쇼를 보고 싶은데요.
dineosyoreul bogo sipeundeyo

I want to see a dinner show.
아이 원 투 씨 어 디너 쇼우

☐ 이건 무슨 쇼입니까?
igeon museun syoimnikka

What kind of show is this?
윗 가인덥 쇼우 이즈 디스

☐ 무대 근처 자리로 주시겠어요?
mudae geuncheo jariro jusigesseoyo

Can I have a table near the stage, please?
캔아이 해버 테이블 니어 더 스테이지, 플리즈

☐ (클럽에서) 어떤 음악을 합니까?
eotteon eumageul hamnikka

What kind of music are you performing?
왓 카인덥 뮤직 아유 퍼훠밍

☐ 함께 춤추시겠어요?
hamkke chumchusigesseoyo

Will you dance with me?
윌 유 댄스 위드 미

관광 오락을 즐길 때

✈ 디스코텍에서

❏ 근처에 디스코텍은 있습니까?
geuncheoe diseukotegeun itseumnikka

Are there any discos around here?
아 데어래니 디스코스 어롸운 히어

❏ 몇 시까지 합니까?
myeot sikkaji hamnikka

How late is it open?
하우 레이티즈 잇 오픈

❏ 젊은 사람이 많습니까?
jeolmeun sarami manseumnikka

Are there many young people?
아 데어 메니 영 피플

❏ 여기서 한 잔 안 할래요?
yeogiseo han jan an hallaeyo

Would you like to drink with us?
우쥬 라잌 투 드링 위드 어스

❏ 어서 오십시오. 몇 분이십니까?
eoseo osipsio. myeot bunisimnikka

Good morning. How many?
굿 모닝. 하우 메니

❏ 무엇을 드시겠습니까?
mueoseul deusigetseumnikka

What would you like to drink?
왓 우쥬 라잌 투 드링

✈ 카지노에서

❏ 카지노는 몇 시부터 합니까?
kajinoneun myeot sibuteo hamnikka

What time does the casino open?
왓 타임 더즈 더 커시노 오픈

❏ 좋은 카지노를 소개해 주시겠어요?
joeun kajinoreul sogaehae jusigesseoyo

Could you recommend a good casino?
쿠쥬 레커멘더 굿 커시노

❏ 카지노는 아무나 들어갈 수 있습니까?
kajinoneun amuna deureogal su itseumnikka

Is everyone allowed to enter casinos?
이즈 애브리원 얼라우드 투 엔터 커시노스

❏ 칩은 어디서 바꿉니까?
chibeun eodiseo bakkumnikka

Where can I get chips?
웨어 캔아이 겟 칩스

❏ 현금으로 주세요.
hyeongeumeuro juseyo

Cash, please.
캐쉬, 플리즈

❏ 맞았다! / 이겼다!
majatda / igyeotda

Jackpot! / Bingo!
잭폿 / 빙고

관광 오락을 즐길 때

UNIT 06

스포츠를 즐길 때

인기가 있는 프로스포츠는 미리 예약을 해두어 당일에는 표를 구입해두어야 합니다. 개막전 등 시즌 전의 시합이라면 표가 매진되는 경우가 적으므로 구입하기에 적격입니다. 미국의 메이저리그 야구시합, 아메리칸풋볼, 농구 등에 열광적인 팬이 많아서 관객들의 흥분에 주의를 기울여야 합니다.

저는 _____ 을(를) 하고 싶습니다.
jeoneun _____ eul(reul) hago sipseumnida

I'd like to _____ .
아이드 라익 투

- ☐ 골프   golpeu — play golf — 플레이 골프
- ☐ 테니스 teniseu — play tennis — 플레이 테니스
- ☐ 스키   seuki — go skiing — 고우 스킹
- ☐ 서핑   seoping — go surfing — 고우 서핑

Q : 함께 하시겠어요?
hamkke hasigesseoyo

Would you join us?
우쥬 죠이너스

A : 고맙습니다.
gomapseumnida

Thank you.
땡큐

스포츠를 관전할 때

□ 농구시합을 보고 싶은데요.
nonggusihabeul bogo sipeundeyo

I'd like to see a basketball game.
아이드 라잌 투 씨 어 배스킷볼 게임

□ 오늘 프로야구 시합은 있습니까?
oneul peuroyagu sihabeun itseumnikka

Is there a professional baseball game today?
이즈 데어러 프러훼셔널 베이스볼 게임 투데이

□ 어디서 합니까?
eodiseo hamnikka

Where is the stadium?
웨어리즈 더 스테이디엄

□ 몇 시부터입니까?
myeot sibuteoimnikka

What time does it begin?
왓 타임 더짓 비긴

□ 어느 팀의 시합입니까?
eoneu timui sihabimnikka

Which teams are playing?
위치 팀스 아 플레잉

□ 표는 어디서 삽니까?
pyoneun eodiseo samnikka

Where can I buy a ticket?
웨어 캔아이 바이어 티킷

관광 스포츠를 즐길 때

골프·테니스

□ 골프를 하고 싶은데요.
golpeureul hago sipeundeyo

We'd like to play golf.
위드 라잌 투 플레이 골후

□ 테니스를 하고 싶은데요.
teniseureul hago sipeundeyo

We'd like to play tennis.
위드 라잌 투 플레이 테니스

□ 골프 예약을 부탁합니다.
golpeu yeyageul butakamnida

Can I make a reservation for golf?
캔 아이 메이커 레저베이션 훠 골후

□ 오늘 플레이할 수 있습니까?
oneul peulleihal su itseumnikka

Can we play today?
캔 위 플레이 투데이

□ 그린피는 얼마입니까?
geurinpineun eolmaimnikka

How much is the green fee?
하우 머치즈 더 그린 휘

□ 이 호텔에 테니스코트는 있습니까?
i hotere teniseukoteuneun itseumnikka

Do you have a tennis court in the hotel?
두 유 해버 테니스 코옷 인 더 호텔

스키 · 크루징

□ 스키를 타고 싶은데요.
seukireul tago sipeundeyo

I'd like to ski.
아이드 라익 투 스키

□ 레슨을 받고 싶은데요.
reseuneul batgo sipeundeyo

I'd like to take ski lessons.
아이드 라익 투 테익 스키 레슨스

□ 스키용품은 어디서 빌릴 수 있나요?
seukiyongpumeun eodiseo billil su innayo

Where can I rent ski equipment?
웨어 캔 아이 렌트 스키 이큅먼

□ 짐은 어디에 보관하나요?
jimeun eodie bogwanhanayo

Where's the checkroom?
웨어즈 더 첵룸

□ 리프트 승강장은 어디인가요?
ripeuteu seunggangjangeun eodiingayo

Where can I get on a ski lift?
웨어 캔 아이 겟 론 어 스키 리프트

□ 어떤 종류의 쿠루징이 있습니까?
eotteon jongnyuui kurujingi itseumnikka

What kind of cruising do you have?
왓 카인덥 크루징 두 유 해브

※ 야간관광

해외에서 야간관광을 즐기는 것도 멋진 일이다. 극장이나 나이트쇼, 오페라 등 당일표를 구입하고 싶을 때는 우선 호텔 안내소에서 일단 물어본다. 복장은 정장인지 편안한 복장인지 확인하고 나갈 것.

※ 스포츠

미식축구, 프로야구, 프로농구 등 본고장의 스포츠를 직접 보는 것만큼 재미있는 일은 없을 것이다. 여행 일정이 허락하면 신문에 필요한 스포츠 정보가 있으므로 보고 그 고장의 경기장에서 표를 구입하여 열기를 느껴보자.

※ 카지노

카지노는 우리나라에서 생각하는 것만큼 불건전한 느낌은 없다. 공인된 갬블이므로 여행자라면 꼭 한번 가보고 싶은 곳이기도 하다. 단, 예산 한도 내의 돈만 가지고 가는 것이 무난하다.

※ 야간관광의 안전대책

야간에 관광을 하거나 오락을 즐길 때는 불행한 일을 당하지 않도록 호텔 안내소에서 위험한 지역을 물어보는 것이 좋다. 가능하면 혼자 나가는 것보다 여럿이 나가는 것이 안전하다.

PART **7**

쇼 핑

가게를 찾을 때
물건을 찾을 때
물건을 고를 때
백화점 · 면세점에서
물건값을 계산할 때
포장 · 배송을 원할 때
물건에 대한 클레임

쇼핑에 관한 정보

✈ 쇼핑에 관한 정보

짧은 시간에 효율적인 쇼핑을 하려면 살 물건의 리스트를 미리 만들어 두는 것이 좋다. 또 각 도시의 명산물과 선물 품목 및 상점가의 위치 등을 미리 조사해 두는 것도 한 방법이다. 양주, 담배, 향수 등은 공항의 면세점에서 싸게 살 수 있으므로 맨 마지막에 공항에서 사도록 한다. 한정된 시간이긴 하지만 충동구매나, 성급한 구매는 삼가는 것이 좋다. 값이 싼 물건은 별 문제없지만 값이 비싼 물건은 가게에 따라 값도 매우 다르므로 한 집에서 결정하지 말고 몇 집 다녀본 뒤 좋은 것을 선택하는 것이 바람직하다. 특히 보석이나 시계는 신뢰할 만한 가게에서 사도록 해야 한다. 백화점이나 고급 상점은 별 도지만 일반적인 선물 가게나 노점 같은 데서는 값을 깎아도 실례가 되지 않는다. 시장 같은 데서는 흥정해 보는 것도 괜찮다. 외국에서 쇼핑을 할 때는 우선 상점의 영업시간에 유의해야 한다. 각국마다 다르지만 보통 토요일 오후와 일요일 축제일에는 휴업이다. 그러나 대부분의 나라에서는 여행자를 상대로 하는 선물 가게는 연중무휴이다.

✈ 백화점 쇼핑 에티켓

상품을 고를 때 직접 만져보지 말고 보여 달라고 청하도록 한다. 또한 나라마다 물건값 흥정이 있을 수도 있고, 없을 수도 있는데, 동남아, 중국, 남미, 유럽 등에서는 일류 백화점이나 면세점이 아니면 물건값을 깎아도 무방하나, 미국이나 서유럽에서는 물건값을 깎는 것이 실례가 된다는 사실을 알아두어야 한다.

✈ 면세점

면세로 쇼핑이 가능한 것은 해외여행자의 큰 특전이다. 세계의 거의 모든 국제공항의 출국 대합실에는 Duty Free의 간판을 걸고 술, 향수, 담배, 보석, 귀금속 등을 파는 면세점이 있다. 나라나 도시에 따라서는 시내에도 공인 면세점이 있어서 해외여행자의 인기를 모으고 있다.

국내 면세점 : 내국인이 국내 면세점을 이용하면 외화를 국내에서 소비함으로써 국가 경쟁력에 도움이 되고, 쇼핑할 때 가장 중요한 언어문제가 해결되기 때문에 마음 놓고 물건을 고를 수 있다. 그러나 국내 면세점에서 구입한 물건은 반드시 공항에서 찾아 여행하는 동안 지니고 있다가 반입해야 한다는 불편함이 있다.

◇ 공항 면세점 : 공항 내 면세점은 출국절차를 마친 여행객이 들를 수 있는 곳으로 호텔 면세점에 비해 물건이 다양하지 못하다. 술과 담배, 필름 등 간단한 물건을 살 수 있으며, 여행 목적지 세관에서 정하는 기준만큼 구입해야 세금을 물지 않는다.

◇ 기내 면세점 : 기내에서 서비스 차원으로 운영하는 면세점으로 각 좌석에 상품 카탈로그가 비치되어 있어 물품의 종류와 가격을 알 수 있다. 하지만 비행기 안에 실을 수 있는 양이 정해져 있으므로 뒤쪽에 좌석이 배정되면 물품을 구입하기가 쉽지 않다.

◇ 면세점 이용대상 : 출국 예정자로 항공편이 확정된 후부터 출국 5시간 전까지 면세점을 이용할 수 있다. 특히 국내 면세점을 이용하기 위해서는 우선 여권과 항공권이 필수. 그러나 단체여행의 경우 대부분 여행사가 항공권을 보관하고 있다. 따라서 이때에는 항공편명과 출국시간을 확인하고 가야한다.

◇ 이용한도 : 내국인은 $2,000까지이며 교포와 외국인은 금액 및 품목제한이 없다. 국내 면세점에서 구입한 물건은 값을 지불한 면세점에서 바로 물건을 가져가는 것이 아니라 출국하는 날, 공항 면세점에서 찾아가야 한다.

◇ 물품인도 : 시내 각 면세점에 가서 구입한 상품은 출국 직전 여권과 물품교환권을 제시하고 물품 인도장에서 인도 받는다.

◇ 대금지불 : 원화, 엔화, 미화, 신용카드

◇ 면세점 이용시 주의사항 : 면세품을 구입할 때에는 반드시 영수증과 교환권을 받아두어야 한다. 영수증은 애프터서비스를 받을 때 필요하므로 잘 보관해두자. 교환권은 구입한 물건을 출국 1~2시간 전에 국제공항의 정해진 면세품 인도장에서 제시해야만 찾을 수 있다. 만일 항공편이나 출국일자 및 시간이 변경되었을 때는 출국 5시간까지 각 면세점 보세 상품 운송실로 연락해야 한다.

UNIT 01

Travel English

가게를 찾을 때

쇼핑은 여행의 커다란 즐거움의 하나입니다. 싼 가게, 큰 가게, 멋진 가게, 대규모의 쇼핑센터 등을 사전에 알아두면 편리합니다. 한국과는 달리 유럽이나 미국에서는 일요일에 쉬는 가게가 많으므로 영업시간이나 휴업일을 미리 알아둡시다. 바겐시즌은 미국의 경우 1월, 3월, 11월이고, 영국에서는 6~7월, 12~1월로 나라에 따라 다릅니다.

이 주변에 _____ 이(가) 있습니까?
i jubyeone _____ i(ga) itseumnikka

Is there a _____ around here?
이즈 데어러   어롸운 히어

- 슈퍼마켓   syupeomaket   **supermarket**   슈퍼마켓
- 쇼핑센터   syopingsenteo   **shopping center** 샤핑 센터
- 선물가게   seonmulgage   **gift store**   깁트 샵
- 보석가게   boseokgage   **jewelery store**   쥬얼리 스토어

Q: 이건 어디서 살 수 있습니까?
igeon eodiseo sal su itseumnikka

Where can I buy this?
웨어 캔아이 바이 디스

A: 할인점에서 살 수 있습니다.
harinjeomeseo sal su itseumnida

At the discount shop.
앳 더 디스카운 샵

✈ 쇼핑센터를 찾을 때

☐ 쇼핑센터는 어디에 있습니까?
syopingsenteoneun eodie itseumnikka

Where's shopping mall?
웨어즈 샤핑 몰

☐ 이 도시의 쇼핑가는 어디에 있습니까?
i dosiui syopingganeun eodie itseumnikka

Where is the shopping area in this town?
웨어즈 더 샤핑 에리어 인 디스 타운

☐ 쇼핑 가이드는 있나요?
syoping gaideuneun innayo

Do you have a shopping guide?
두 유 해버 쇼핑 가이드

☐ 선물은 어디서 살 수 있습니까?
seonmureun eodiseo sal su itseumnikka

Where can I buy some souvenirs?
웨어 캔 아이 바이 썸 수버니어스

☐ 면세점은 있습니까?
myeonsejeomeun itseumnikka

Is there a duty-free shop?
이즈 데어러 듀티-후리 샵

☐ 이 주변에 백화점은 있습니까?
i jubyeone baekwajeomeun itseumnikka

Is there a department store around here?
이즈 데어러 디파러먼 스토어 어롸운 히어

✈ 가게를 찾을 때

☐ 가장 가까운 식료품점은 어디에 있습니까?
gajang gakkaun singnyopumjeomeun eodie itseumnikka

Where's the nearest grocery store?
웨어즈 더 니어리슷 그로우서리 스토어

☐ 편의점을 찾고 있습니다.
pyeonuijeomeul chatgo itseumnida

I'm looking for a convenience store.
아임 룩킹 훠러 컨뷔니언스 스토어

☐ 좋은 스포츠 용품점을 가르쳐 주시겠어요?
joeun seupocheu yongpumjeomeul gareucheo jusigesseoyo

Could you recommend a good sporting goods store?
쿠쥬 레커멘더 굿 스포팅 굿즈 스토어

☐ 세일은 어디서 하고 있습니까?
seireun eodiseo hago itseumnikka

Who's having a sale?
후즈 해빙 어 세일

☐ 이 주변에 할인점은 있습니까?
i jubyeone harinjeomeun itseumnikka

Is there a discount shop around here?
이즈 데어러 디스카운 샵 어롸운 히어

☐ 그건 어디서 살 수 있나요?
geugeon eodiseo sal su innayo

Where can I buy it?
웨어 캔 아이 바이 잇

가게로 가고자 할 때

☐ 그 가게는 오늘 열려 있습니까?
  geu gageneun oneul yeollyeo itseumnikka

  Is that shop open today?
  이즈 댓 샵 오픈 투데이

☐ 여기서 멉니까?
  yeogiseo meomnikka

  Is that far from here?
  이즈 댓 화 후럼 히어

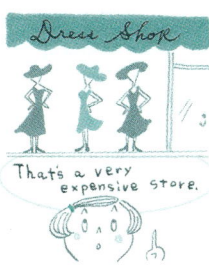

☐ 몇 시에 문을 엽니까?
  myeot sie muneul yeomnikka

  What time do you open?
  왓 타임 두 유 오픈

☐ 몇 시에 문을 닫습니까?
  myeot sie muneul datseumnikka

  What time do you close?
  왓 타임 두 유 클로우즈

☐ 영업시간은 몇 시부터 몇 시까지입니까?
  yeongeopsiganeun myeot sibuteo myeot sikkajiimnikka

  What are your business hours?
  워라유어 비즈니스 아워즈

☐ 몇 시까지 합니까?
  myeot sikkaji hamnikka

  How late are you open?
  하우 레잇 아유 오픈

여러 가지 가게

백화점	department store	[디파러먼 스토어]
쇼핑몰	shopping mall	[샤핑 몰]
슈퍼마켓	supermarket	[슈퍼마켓]
아울렛	outlet shop	[아울렛 샵]
할인점	discount shop	[디스카운 샵]
편의점	convenience store	[컨비니언스 스토어]
부티크	boutique	[부티크]
가구점	furniture shop	[퍼니춰 샵]
보석점	jewelery store	[쥬얼리 스토어]
카메라점	camera shop	[캐머러 샵]
구둣가게	shoe shop	[슈 샵]
문방구점	stationery shop	[스테이셔너리 샵]
서점	bookstore	[북스토어]
스포츠용품점	sporting goods shop	[스포팅 굿즈 샵]
골동품점	antique shop	[앤틱 샵]
완구점	toy shop	[토이 샵]
식기점	tableware shop	[테이블웨어 스토어]
식료품점	grocery store	[그로우서리 샵]
주류점	liquor shop	[리커 샵]
드러그스토어	drugstore	[드럭스토어]

쇼핑의 기본단어

선물	gift	[깁트]
특매품	sale goods	[세일 굿즈]
브랜드	brand	[브랜드]
메이커	maker	[메이커]
종이봉지	paper bag	[페이퍼 백]
레지스터	cashier	[캐쉬어]
점원	clerk	[크럭]
윈도우	window	[윈도우]
가격인하	discount	[디스카운]
바겐세일	sale	[세일]
한국제품	Korean product	[코리언 프러덕]

슈퍼마켓에서 볼 수 있는 표시

FISH and SEAFOOD	어패류
MEATS	육류
FRESH FRUITS	과일
VEGETABLES	야채
PRODUCE	농산물
DELI	반찬
DAIRY PRODUCTS	유제품
CANNED GOODS	캔제품
FROZEN FOOD	냉동식품
DIET FOOD	건강식품
SPICES	향신료
BEVERAGES	청량음료
LIQUOR	주류
CLOTHING	의류
BREAD and BAKERY GOODS	빵, 케이크 등
CEREAL	콘플레이크 등
CANDY and DESSERTS	과자, 케이크 등
SOFT DRINKS	알코올이 없는 음료
KITCHEN UTENSILS	부엌용품
TOILETRIES	(저가) 화장품
HOUSEHOLD GOODS	가정용품
PAPER PRODUCTS	티슈 등 종이류
STATIONERY, SCHOOL SUPPLIES	문방구, 학용품

UNIT 02

물건을 찾을 때

가게에 들어가면 점원에게 가볍게 Hello!나 Hi!라고 인사를 합시다. Are you looking for something?(무엇을 찾으십니까?-어서오세요.)이라고 물었을 때 살 마음이 없는 경우에는 I'm just looking.(그냥 둘러볼게요.)이라고 대답합니다. 말을 걸었는데 대답을 하지 않거나 무시하는 것은 상대에게 실례가 됩니다.

_____ 을(를) 보여 주세요.
_____ eul(reul) boyeo juseyo

Please show me _____.
플리즈 쇼 미

- 이것 — igeot — this — 디스
- 저것 — jeogeot — that — 댓
- 티셔츠 — tisyeocheu — T-shirt — 티 셔츠
- 선글라스 — seongeullaseu — sunglasses — 선글래시즈

Q: 무얼 찾으십니까?
mueol chajeusimnikka
What can I do for you?
왓 캔아이 두 훠유

A: 스커트를 찾고 있는데요.
seukeoteureul chatgo inneundeyo
I'm looking for a skirt.
아일 룩킹 훠러 스커엇

✈ 가게에 들어서서

☐ (점원) 어서 오십시오.
eoseo osipsio

What can I do for you?
왓 캔 아이 두 휘 유

☐ 무얼 찾으십니까?
mueol chajeusimnikka

May I help you?
메아이 핼퓨

☐ 그냥 보고 있을 뿐입니다.
geunyang bogo isseul ppunimnida

I'm just looking.
아임 저숫 룩킹

☐ 필요한 것이 있으면 말씀하십시오.
piryohan geosi isseumyeon malsseumhasipsio

If you need any help, let me know.
이퓨 니드 애니 핼프, 렛 미 노우

✈ 물건을 찾을 때

☐ 여기 잠깐 봐 주시겠어요?
yeogi jamkkan bwa jusigesseoyo

Hello. Can you help me?
헬로. 캔 유 핼 미

☐ 블라우스를 찾고 있습니다.
beullauseureul chatgo itseumnida

I'm looking for a blouse.
아임 룩킹 휘러 블라우스

- 코트를 찾고 있습니다.
  koteureul chatgo itseumnida

  I'm looking for a coat.

  아임 룩킹 훠러 코트

- 운동화를 사고 싶은데요.
  undonghwareul sago sipeundeyo

  I want a pair of sneakers.

  아이 원트 어 페어 오브 스니커스

- 아내에게 선물할 것을 찾고 있습니다.
  anaeege seonmulhal geoseul chatgo itseumnida

  I'm looking for something for my wife.

  아임 룩킹 훠 썸씽 훠 마이 와입

- 캐주얼한 것을 찾고 있습니다.
  kaejueolhan geoseul chatgo itseumnida

  I'd like something casual.

  아이드 라익 썸씽 캐주얼

- 선물로 적당한 것은 없습니까?
  seonmullo jeokdanghan geoseun eopseumnikka

  Could you recommend something good for a souvenir?

  쿠쥬 레커멘 썸씽 굿 훠러 수버니어

- 샤넬은 있습니까?
  syanereun itseumnikka

  Do you have Chanel?

  두 유 해브 샤넬

✈ 구체적으로 찾는 물건을 말할 때

❑ 저걸 보여 주시겠어요?
jeogeol boyeo jusigesseoyo

Would you show me that one?

우쥬 쇼우 미 댓 원

❑ 면으로 된 것이 필요한데요.
myeoneuro doen geosi piryohandeyo

I'd like something in cotton.

아이드 라익 썸씽 인 카튼

❑ 이것과 같은 것은 있습니까?
igeotgwa gateun geoseun itseumnikka

Do you have any more like this?

두 유 해버니 모어 라익 디스

❑ 이것뿐입니까?
igeotppunimnikka

Is this all?

이즈 디스 올

❑ 이것 6호는 있습니까?
igeot yukoneun itseumnikka

Do you have this in size six?

두 유 해브 디씬 싸이즈 씩스

❑ 30세 정도의 남자에게는 뭐가 좋을까요?
samsipsal jeongdoui namjaegeneun mwoga joeulkkayo

What do you suggest for a thirty-year-old man?

왓 두 유 석제슷 훠러 써리-이어-올드 맨

UNIT 03

Travel English

물건을 고를 때

가게에 들어가서 상품에 함부로 손을 대지 않도록 합시다. 우리와는 달이 유럽이나 미국에서는 진열되어 있는 상품은 어디까지나 샘플이기 때문에 손을 대는 것은 살 마음이 있다고 상대가 받아들이게 됩니다. 보고 싶을 경우에는 옆에 있는 점원에게 부탁을 해서 꺼내오도록 해야 합니다.

이건 저에게 너무 _____ .
igeon jeoege neomu _____

This is too _____ for me.
디씨즈 투   훠 미

☐ 큽니다   keumnida   big   빅
☐ 작습니다   jakseumnida   small   스몰
☐ 깁니다   gimnida   long   롱
☐ 짧습니다   jjalseumnida   short   숏

Q: 어떤 게 좋을까요?
   eotteon ge joeulkkayo

   Which one looks better?
   위치 원 룩스 배러

A: 모두 어울립니다.
   modu eoullimnida

   They both look good on you.
   데이 보쓰 룩 굿 온 유

✈ 물건을 보고 싶을 때

☐ 그걸 봐도 될까요?
geugeol bwado doelkkayo

May I see it?
메아이 씨 잇

☐ 몇 개 보여 주세요.
myeot gae boyeo juseyo

Could you show me some?
쿠쥬 쇼우 미 썸

☐ 이 가방을 보여 주시겠어요?
i gabangeul boyeo jusigesseoyo

Could you show me this bag?
쿠쥬 쇼우 미 디스 백

☐ 다른 것을 보여 주시겠어요?
dareun geoseul boyeo jusigesseoyo

Can you show me another one?
캔 유 쇼우 미 어나더 원

☐ 더 품질이 좋은 것은 없습니까?
deo pumjiri joeun geoseun eopseumnikka

Do you have anything of better quality?
두 유 해브 애니씽 업 배러 퀄러티

☐ 잠깐 다른 것을 보겠습니다.
jamkkan dareun geoseul bogetseumnida

I'll try somewhere else.
아일 트라이 썸웨어 엘스

쇼핑 물건을 고를 때

색상을 고를 때

☐ 무슨 색이 있습니까?
  museun saegi itseumnikka

  What kind of colors do you have?
  왓 카인업 컬러스 두 유 해브

☐ 빨간 것은 있습니까?
  ppalgan geoseun itseumnikka

  Do you have a red one?
  두 유 해버 레드 원

☐ 너무 화려(수수)합니다.
  neomu hwaryeo(susu)hamnida

  This is too flashy(plain).
  디씨즈 투 흘래쉬(플레인)

☐ 더 화려한 것은 있습니까?
  deo hwaryeohan geoseun itseumnikka

  Do you have a flashier one?
  두 유 해버 흘래쉬어 원

☐ 더 수수한 것은 있습니까?
  deo susuhan geoseun itseumnikka

  Do you have a plainer one?
  두 유 해버 플레이너 원

☐ 이 색은 좋아하지 않습니다.
  i saegeun joahaji anseumnida

  I don't like this color.
  아이 돈 라잌 디스 컬러

✈ 디자인을 고를 때

❏ 다른 스타일은 있습니까?
dareun seutaireun itseumnikka

Do you have any other style?
두 유 해버니 아더 스타일

❏ 어떤 디자인이 유행하고 있습니까?
eotteon dijaini yuhaenghago itseumnikka

What kind of style is now in fashion?
왓 카인돕 스타일 이즈 나우 인 패션

❏ 이런 디자인은 좋아하지 않습니다.
ireon dijaineun joahaji anseumnida

I don't like this design.
아이 돈 라잌 디스 디자인

❏ 다른 디자인은 있습니까?
dareun dijaineun itseumnikka

Do you have any other design?
두 유 해버니 아더 디자인

❏ 디자인이 비슷한 것은 있습니까?
dijaini biseutan geoseun itseumnikka

Do you have one with a similar design?
두 유 해브 원 위더 씨멀러 디자인

❏ 이 벨트는 남성용입니까?
i belteuneun namseongyongimnikka

Is this belt for men?
이즈 디스 벨트 휘 멘

쇼핑 물건을 고를 때

✈ 사이즈를 고를 때

□ 어떤 사이즈를 찾으십니까?
eotteon saijeureul chajeusimnikka

What size are you looking for?
왓 사이즈 아유 룩킹 훠

□ 사이즈는 이것뿐입니까?
saijeuneun igeotppunimnikka

Is this the only size you have?
이즈 디스 디 온리 사이즈 유 해브

□ 제 사이즈를 모르겠는데요.
je saijeureul moreugenneundeyo

I don't know my size.
아이 돈 노우 마이 사이즈

□ 사이즈를 재주시겠어요?
saijeureul jaejusigesseoyo

Could you measure me?
쿠쥬 메줘 미

□ 더 큰 것은 있습니까?
deo keun geoseun itseumnikka?

Do you have a bigger one?
두 유 해버 비거 원

□ 더 작은 것은 있습니까?
deo jageun geoseun itseumnikka

Do you have a smaller one?
두 유 해버 스몰러 원

✈ 품질에 대한 질문

❏ 재질은 무엇입니까?
jaejireun mueosimnikka

What's this made of?
왓츠 디스 메이덥

❏ 미국제품입니까?
migukjepumimnikka

Is this made in U.S.A?
이즈 디스 메이딘 유 에스 에이

❏ 질은 괜찮습니까?
jireun gwaenchanseumnikka

Is this good quality?
이즈 디스 굿 퀄러티

❏ 이건 실크 100%입니까?
igeon silkeu baekpeosenteu imnikka

Is this 100%(a hundred percent) silk?
이즈 디스 어 헌드러드 퍼센 실크

❏ 이건 수제입니까?
igeon sujeimnikka

Is this hand-made?
이즈 디스 핸드 메이드

❏ 이건 무슨 향입니까?
igeon museun hyangimnikka

What's this fragrance?
왓츠 디스 후레이그런스

의복류

양복	suit [슛]
바지	trousers [트라우저즈]
와이셔츠	shirt [셔츠]
넥타이	tie cravat [타이 크러뱃]
재킷	jacket [재킷]
스커트	skirt [스컷]
원피스	dress [드레스]
투피스	two-piece dress [투-피스 드레스]
블라우스	blouse [브라우스]
스웨터	sweater [스웨터]
셔츠	shirt [셔츠]
카디건	cardigan [카디건]
팬티	panty shorts [팬티 숏츠]
브래지어	bra brassiere [브라 브러지어]
스타킹	stockings [스타킹스]
양말	socks [삭스]

무늬 / 소재 / 색상

체크무늬	check [체크]
줄무늬	striped [스트라이프]
무지의	solid [솔리드]
옷감	materials [머티어리얼]
면	cotton [카튼]
견	silk [실크]
모	wool [울]
폴리에스테르	polyester [팔리에스터]
가죽	leather [래더]
하얀색	white [화잇]
빨간색	red [레드]
검정색	black [블랙]
파란색	blue [블루]
분홍색	pink [핑크]
갈색	brown [브라운]

사이즈

사이즈	size [사이즈]
큰	big large [빅 라쥐]
작은	small [스몰]
긴	long [롱]
짧은	short [숏]
헐렁한	loose [루즈]
꽉 끼는	tight [타잇]
(폭이) 좁은	narrow [내로우]
넓은	wide [와이드]
(소재가) 두터운	thick [틱]
얇은	thin [틴]

구두 / 가방 / 액세서리

숙녀화	women's shoes [우먼스 슈즈]
신사화	men's shoes [멘스 슈즈]
아동화	children's shoes [췰드런스 슈즈]
운동화	sneakers [스니커스]
하이힐	high-heeled shoes [하이-힐드 슈즈]
로힐	low-heeled shoes [로-힐드 슈즈]
핸드백	handbag [핸드백]
숄더백	shoulder bag [숄더 백]
클러치백	clutch bag [클러취 백]
보스턴백	overnight bag [오버나잇 백]
서류가방	briefcase [브리프케이스]
목걸이	necklace [넥클레이스]
귀걸이	earrings [이어링스]
브로치	brooch [브로우취]
반지	ring [링]
팔찌	bracelet [브레이슬릿]
안경	glasses [글래시즈]
선글라스	sunglasses [선글래시즈]
벨트	belt [벨트]
지갑	billfold [빌포울드]

일용품

티슈	tissue	[티슈]
치약	toothpaste	[투쓰페이슷]
칫솔	toothbrush	[투쓰브러쉬]
빗	comb	[코옴]
헤어브러시	hairbrush	[헤어브러쉬]
헤어스프레이	hair spray	[헤어 스프레이]
헤어크림	hair cream	[헤어 크림]
핸드크림	hand cream	[핸드 크림]
화장품	cosmetics	[카즈메틱]
파운데이션	foundation	[파운데이션]
립스틱	lipstick	[립스틱]

문방구

볼펜	ball-point pen	[볼-포인 펜]
만년필	fountain pen	[파운틴 펜]
샤프펜슬	mechanical pencil	[머케니컬 펜슬]
수첩	notebook	[노트북]
편지지	writing card	[롸이팅 카드]
봉투	envelope	[엔벌로웁]
캘린더	calendar	[캘린더]
트럼프	a pack of cards	[어 팩 옵 카즈]

식료품

맥주	beer	[비어]
주스	juice	[쥬스]
우유	milk	[밀크]
요구르트	yogurt	[요우걸트]
초콜릿	chocolate	[춰콜릿]
껌	chewing gum	[츄잉 검]
커피	coffee	[커피]
홍차	tea	[티]
통조림	canned food	[캔드 푸드]
라면	instant ramen	[인스턴 라면]

세계 주요 국가의 화폐 단위

국가	화폐	영문	기호
한국	원	Won	₩
미국	달러	U.S. Dollar	$
일본	엔	Yen	¥
캐나다	달러	Canadian Dollar	CAN $
호주	달러	Australian Dollar	A $
영국	파운드	Pound	£
독일	마르크	German Mark	D.M.
프랑스	프랑	French France	F.FR.
스위스	프랑	Swiss France	S.FR.
덴마크	크로네	Danish Krone	D.KR.
이탈리아	리라	Lira(Lire)	LIT.
이집트	파운드	Egyptian Pound	L.E.
인도	루피	Rupee	I.Re.
러시아	루블	Rouble	RBL.
태국	바트	Bath	B
홍콩	달러	Hongkong Dollar	HK. $
중국	위안	Yuan(元)	RMB
대만	달러	New Taiwan Dollar	NT. $
네덜란드	길더	Holland Guilder	D.GL.
스페인	페세타	Spanish Peseta	S.PESETA
인도네시아	루피아	Indonesian Rupiah	IND.RP.
유럽	유로화	Euro Money	€

UNIT 04

백화점·면세점에서

백화점은 가장 안전하고 좋은 물건을 구입할 수 있는 곳입니다. 또한 저렴하게 좋은 물건을 구입할 수 있는 곳으로는 국제공항의 출국 대합실에 Duty Free라는 간판을 내걸고 술, 향수, 보석, 담배 등을 파는 면세점이 있습니다. 나라나 도시에 따라서는 시내에도 공인 면세점이 있어 해외여행자에 인기를 모으고 있습니다.

_____ 은(는) 몇 층에 있습니까?

_____ eun(neun) myeot cheunge itseumnikka

What floor is _____ on?

왓 플러리즈 _____ 온

- ☐ 남성복   namseongbok   men's wear   맨스 웨어
- ☐ 여성복   yeoseongbok   women's wear   위민스 웨어
- ☐ 장난감   jangnangam   toy   토이
- ☐ 화장품   hwajangpum   cosmetics   카즈메틱스

Q: 여행 선물용 술을 찾고 있는데요.
yeohaeng seonmuryong sureul chatgo inneundeyo
I'm looking for liquor for a souvenir.
아임 룩킹 훠 리쿼 훠러 수뷔니어

A: 여권을 보여 주시겠어요?
yeogwoneul boyeo jusigesseoyo
May I see your passport?
메아이 씨 유어 패스폿

✈ 매장을 찾을 때

☐ 신사복 매장은 몇 층입니까?
sinsabok maejangeun myeot cheungimnikka

What floor is men's wear on?
왓 훌러리즈 맨스 웨어 온

☐ 여성용 매장은 어디에 있습니까?
yeoseongyong maejangeun eodie itseumnikka

Where's the ladies' department?
웨어즈 더 레이디즈 디파러먼

☐ 화장품은 어디서 살 수 있습니까?
hwajangpumeun eodiseo sal su itseumnikka

Where do you sell cosmetics?
웨어 두 유 셀 카즈메틱스

☐ 저기에 디스플레이 되어 있는 셔츠는 어디에 있습니까?
jeogie diseupeullei doeeo inneun syeocheuneun eodie itseumnikka

Where can I find that shirt?
웨어 캔 아이 화인드 댓 셔츠

☐ 세일하는 물건을 찾고 있습니다.
seilhaneun mulgeoneul chatgo itseumnida

I'm looking for some bargains.
아임 룩킹 훠 썸 바긴스

☐ 선물은 어디서 살 수 있나요?
seonmureun eodiseo sal su innayo

Where can I buy some souvenirs?
웨어 캔 아이 바이 썸 수붸니어스

쇼핑 · 백화점 · 면세점에서

✈ 물건을 고를 때

☐ 다른 상품을 보여 주세요.
dareun sangpumeul boyeo juseyo

Please show me another one.
플리즈 쇼우 미 어나더 원

☐ 예산은 어느 정도이십니까?
yesaneun eoneu jeongdoisimnikka

How much would you like to spend?
하우 머치 우쥬 라잌 투 스펜드

☐ 신상품은 어느 것입니까?
sinsangpumeun eoneu geosimnikka

Which are brand-new items?
위치 아 브렌뉴 아이템즈

☐ 손질은 어떻게 하면 됩니까?
sonjireun eotteoke Ha-myeon doemnikka

How do you take care of this?
하우 두 유 테익 케어럽 디스

☐ 이것은 어느 브랜드입니까?
igeoseun eoneu beuraendeuimnikka

What brand is this?
왓 브렌드 이즈 디스

☐ 신상품은 어느 것입니까?
sinsangpumeun eoneu geosimnikka

Which are brand-new items?
위치 아 브랜뉴 아이템스

✈ 면세점에서

□ 면세점은 어디에 있습니까?
myeonsejeomeun eodie itseumnikka

Where's a duty free shop?
웨어저 듀리 후리 샵

□ 얼마까지 면세가 됩니까?
eolmakkaji myeonsega doemnikka

How much duty free can I buy?
하우 머취 듀리 후리 캔 아이 바이

□ 어느 브랜드가 좋겠습니까?
eoneu beuraendeuga joketseumnikka

What brand do you suggest?
왓 브렌 두 유 서제슷

□ 이 가게에서는 면세로 살 수 있습니까?
i gageeseoneun myeonsero sal su itseumnikka

Can I buy things duty free here?
캔 아이 바이 씽스 듀리 후리 히어

□ 여권을 보여 주십시오.
yeogwoneul boyeo jusipsio

May I have your passport, please?
메아이 해뷰어 패스폿, 플리즈

□ 비행기를 타기 전에 수취하십시오.
bihaenggireul tagi jeone suchwihasipsio

Receive before boarding.
리시브 비훠 보딩

쇼핑 · 백화점 · 면세점에서

UNIT 05 — Travel English

물건값을 계산할 때

거의 모든 가게에서 현금, 신용카드, 여행자수표 등으로 물건값을 계산할 수 있지만, 여행자수표를 사용할 때는 여권의 제시를 요구하는 가게도 있습니다. 번잡한 가게나 작은 가게에서는 여행자수표를 꺼리는 경우도 있습니다. 또한 미국에서는 점원이 도급제로 일하기 때문에 물건을 살 때는 물건을 꺼내온 사람에게 사는 것이 매너입니다.

_____ 은(는) 받습니까?
_____ eun(neun) batseumnikka

Do you accept _____?
두 유 액셉

☐ 신용카드　　sinyongkadeu　　credit card　　크레딧 카드
☐ 여행자수표　yeohaengjasupyo　traveler's checks　트레벌러즈 첵스
☐ 비자　　　　bija　　　　　　Visa　　　　　비자
☐ 마스터카드　maseuteokadeu　Master Card　　마스터 카드

Q : 얼마입니까?
eolmaimnikka

How much is this?
하우 머치즈 디스

A : 200달러입니다.
ibaek dalleoimnida

It's $200(two hundred dollars).
잇츠 투 헌드러드 달러즈

✈ 가격을 물을 때

☐ 계산은 어디서 합니까?
gyesaneun eodiseo hamnikka

Where is the cashier?
웨어리즈 더 캐쉬어

☐ 전부해서 얼마나 됩니까?
jeonbuhaeseo eolmana doemnikka

How much is it all together?
하우 머치즈 잇 올 터게더

☐ 하나에 얼마입니까?
hanae eolmaimnikka

How much for one?
하우 머치 훠뤈

☐ (다른 상품의 가격을 물을 때) 이건 어때요?
igeon eottaeyo

How about this one?
하우 어바웃 디스 원

☐ 이건 세일 중입니까?
igeon seil jungimnikka

Is this on sale?
이즈 디쏜 세일

☐ 세금이 포함된 가격입니까?
segeumi pohamdoen gagyeogimnikka

Does it include tax?
더짓 이클루드 텍스

쇼핑 물건값을 계산할 때

✈ 가격을 깎을 때

□ 너무 비쌉니다.
neomu bissamnida

It's too expensive.
잇츠 투 익스펜시브

□ 깎아 주시겠어요?
kkakka jusigesseoyo

Can you give a discount?
캔 유 기버 디스카운

□ 더 싼 것은 없습니까?
deo ssan geoseun eopseumnikka

Anything cheaper?
애니씽 취퍼

□ 더 싸게 해 주실래요?
deo ssage hae jusillaeyo

Will you take less than that?
윌 유 테익 레스 댄 댓

□ 깎아주면 사겠습니다.
kkakkajumyeon sagetseumnida

If you discount I'll buy.
이퓨 디스카운 아일 바이

□ 현금으로 지불하면 더 싸게 됩니까?
hyeongeumeuro jibulhamyeon deo ssage doemnikka

Do you give discounts for cash?
두 유 기브 디스카운 훠 캐쉬

✈ 구입 결정과 지불 방법

☐ 이걸로 하겠습니다.
igeollo hagetseumnida

I'll take this.
아일 테익 디스

☐ 이것을 10개 주세요.
igeoseul yeolgae juseyo

I'll take ten of these.
아일 테익 텐 업 디즈

☐ 지불은 어떻게 하시겠습니까?
jibureun eotteoke hasigetseumnikka

How would you like to pay?
하우 우쥬 라익 투 페이

☐ 카드도 됩니까?
kadeudo doemnikka

May I use a credit card?
메아이 유저 크레딧 카드

☐ 여행자수표도 받나요?
yeohaengjasupyodo bannayo

Can I use traveler's checks?
캔아이 유즈 트레벌러즈 첵스

☐ 영수증을 주시겠어요?
yeongsujeungeul jusigesseoyo

Could I have a receipt?
쿠다이 해버 리싯

쇼핑 물건값을 계산할 때

UNIT 06

Travel English

포장·배송을 원할 때

구입한 물건을 들 수 없는 경우에는 호텔까지 배달을 부탁합니다. 한국으로 직접 배송을 원하는 경우에는 항공편인지 선편인지 확인하는 것을 잊지 말고 선편이라면 한국까지 1개월 이상 걸립니다. 빠른 것을 원할 경우에는 항공회사나 국제택배 등을 이용하는 것이 좋을 것입니다.

이것을 _____ 으(로)보내 주시겠어요?
igeoseul _____ eu(ro)bonae jusigesseoyo

Could you send this to ___?
쿠쥬 샌드 디스 투

- ☐ 우리 호텔   uri hotel   my hotel   마이 호텔
- ☐ 이 주소   i juso   this address   디스 어드레스
- ☐ 한국   hanguk   Korea   코리어
- ☐ 서울   Seoul   Seoul   서울

Q: 따로따로 싸 주세요.
ttarottaro ssa juseyo
Please wrap them separately.
플리즈 랩 뎀 세퍼레이틀리

A: 알겠습니다.
algetseumnida
Oh, okay.
오, 오케이

✈ 포장을 부탁할 때

□ 봉지를 주시겠어요?
bongjireul jusigesseoyo

Could I have a bag?
쿠다이 해버 백

□ 봉지에 넣기만 하면 됩니다.
bongjie neokiman Ha-myeon doemnida

Just put it in a bag, please.
저슷 푸릿 인 어 백, 플리즈

□ 이걸 선물용으로 포장해 주시겠어요?
igeol seonmuryongeuro pojanghae jusigesseoyo

Can you gift-wrap this?
캔 유 깁트 랩 디스

□ 따로따로 포장해 주세요.
ttarottaro pojanghae juseyo

Please wrap them separately.
플리즈 랩 뎀 세퍼레이틀리

□ 이거 넣을 박스 좀 얻을 수 있나요?
igeo neoeul bakseu jom eodeul su innayo

Is it possible to get a box for this?
이짓 파써블 투 게러 박스 훠 디스

□ 이거 포장할 수 있나요? 우편으로 보내고 싶은데요.
igeo pojanghal su innayo upyeoneuro bonaego sipeundeyo

Can you wrap this up? I want to send it in the mail.
캔 유 랩 디썹?   아이 원 투 샌딧 인 더 메일

쇼핑 · 포장 · 배송을 원할 때

✈ 배달을 원할 때

□ 이걸 ○○호텔까지 갖다 주시겠어요?
igeol ○○hotelkkaji gatda jusigesseoyo

Could you send this to ○○Hotel?
쿠쥬 샌드 디스 투 ○○호텔

□ 오늘 중으로(내일까지) 배달해 주었으면 하는데요.
oneul jungeuro(naeilkkaji) baedalhae jueosseumyeon haneundeyo

I'd like to have it today(by tomorrow).
아이드 라잌 투 해빗 투데이(바이 터머로우)

□ 언제 배달해 주시겠습니까?
eonje baedalhae jusigetseumnikka

When would it arrive?
웬 우딧 어라이브

□ 별도로 요금이 듭니까?
byeoldoro yogeumi deumnikka

Is there an extra charge for that?
이즈 데어런 엑스트러 차지 훠 댓

□ 이 카드를 첨부해서 보내 주세요.
i kadeureul cheombuhaeseo bonae juseyo

I'd like to send it with this card.
아이드 라잌 투 샌딧 위디스 카드

□ 이 주소로 보내 주세요.
i jusoro bonae juseyo

Please send it to this address.
플리즈 샌딧 투 디스 어드레스

배송을 원할 때

☐ 이 가게에서 한국으로 발송해 주시겠어요?
i gageeseo hangugeuro balsonghae jusigesseoyo

Could you send this to Korea from here?
쿠쥬 샌드 디스 투 코리어 후럼 히어

☐ 한국 제 주소로 보내 주시겠어요?
hanguk je jusoro bonae jusigesseoyo

Could you send it to my address in Korea?
쿠쥬 샌딧 투 마이 어드레스 인 코리어

☐ 항공편으로 부탁합니다.
hanggongpyeoneuro butakamnida

By air mail, please.
바이 에어 메일, 플리즈

☐ 선편으로 부탁합니다.
seonpyeoneuro butakamnida

By sea mail, please.
바이 씨 메일, 플리즈

☐ 한국까지 항공편으로 며칠 정도 걸립니까?
hangukkkaji hanggongpyeoneuro myeochil jeongdo geollimnikka

How long does it take to reach Korea by air mail?
하우 롱 더짓 테익 투 리취 코리어 바이 에어 메일

☐ 항공편으로 얼마나 듭니까?
hanggongpyeoneuro eolmana deumnikka

How much does it cost by air mail?
하우 머치 더짓 코슷 바이 에어 메일

UNIT 07 물건에 대한 클레임

가게에 클레임을 제기할 때는 감정적으로 대하지 말고 침착하게 요점을 말해야 합니다. 보통 한번 돈을 지불해버리면 흠집이 났거나 더럽더라도 구입한 고객의 책임이 되어버립니다. 사기 전에 물건을 잘 확인합시다. 교환을 원할 경우 영수증이 있어야 하므로 없애지 않도록 하고, 환불은 특별한 경우가 아니면 어려운 것이 한국과 마찬가지입니다.

(물건의 하자를 지적할 때) 이게 _____

Ige _____

It's _____ .

잇츠

- ☐ 더럽습니다   deoreopseumnida   **dirty**   더티
- ☐ 망가졌습니다 manggajeotseumnida **broken** 브로큰
- ☐ 찢어졌습니다 jjijeojeotseumnida **ripped** 립트
- ☐ 금이 갔습니다 geumi gatseumnida **cracked** 크랙트

Q: 여기에 흠집이 있습니다.

yeogie heumjibi itseumnida

It's damaged here.

잇츠 데미쥐드 히어

A: 어디 보여 주십시오.

eodi boyeo jusipsio

Show me.

쇼우 미

구입한 물건을 교환할 때

☐ 여기에 얼룩이 있습니다.
yeogie eollugi itseumnida

I found a stain here.
아이 파운더 스테인 히어

☐ 새 것으로 바꿔드리겠습니다.
sae geoseuro bakkwodeurigetseumnida

I'll get you a new one.
아일 겟츄어 뉴 원

☐ 구입할 때 망가져 있었습니까?
guipal ttae manggajeo isseotseumnikka

Was it broken when you bought it?
워짓 브로큰 웬 유 보우팃

☐ 샀을 때는 몰랐습니다.
sasseul ttaeneun mollatseumnida

I didn't notice it when I bought it.
아이 디든 노뤼스 잇 웨나이 보우팃

☐ 사이즈가 안 맞았어요.
saijeuga an majasseoyo

This size doesn't fit me.
디스 사이즈 더즌 휫 미

☐ 다른 것으로 바꿔 주시겠어요?
dareun geoseuro bakkwo jusigesseoyo

Can I exchange it for another one?
캔 아이 익스체인쥐 잇 훠 어나더 원

쇼핑 물건에 대한 클레임

구입한 물건을 반품할 때

☐ 어디로 가면 됩니까?
eodiro gamyeon doemnikka

Where should I go?
웨어 슈다이 고우

☐ 반품하고 싶은데요.
banpumhago sipeundeyo

I'd like to return this.
아이드 라잌 투 리턴 디스

☐ 아직 쓰지 않았습니다.
ajik sseuji anatseumnida

I haven't used it at all.
아이 해븐 유스팃 앳 올

☐ 가짜가 하나 섞여 있었습니다.
gajjaga hana seokkyeo isseotseumnida

I found a fake included.
아이 파운더 훼이크 인클루딧

☐ 영수증은 여기 있습니다.
yeongsujeungeun yeogi itseumnida

Here is a receipt.
히어리저 리싯

☐ 어제 샀습니다.
eoje satseumnida

I bought it yesterday.
아이 보우팃 예스터데이

✈ 환불·배달사고

□ 환불해 주시겠어요?
hwanbulhae jusigesseoyo

Can I have a refund?
캔 아이 해버 리훤드

□ 산 물건하고 다릅니다.
san mulgeonhago dareumnida

This is different from what I bought.
디씨즈 디훠런 흐럼 와라이 보웃

□ 구입한 게 아직 배달되지 않았습니다.
guipan ge ajik baedaldoeji anatseumnida

I haven't got what I bought yet.
아이 해븐 갓 와라이 보웃 옛

□ 대금은 이미 지불했습니다.
daegeumeun imi jibulhaetseumnida

I already paid.
아이 올레디 페이드

□ 수리해주던지 환불해 주시겠어요?
surihaejudeonji hwanbulhae jusigesseoyo

Could you fix it or give me a refund?
쿠쥬 휙싯 오어 깁 미 어 리훤드

□ 계산이 틀린 것 같습니다.
gyesani teullin geot gatseumnida

I think your calculation is wrong.
아이 씽 유어 캘커레이션 이즈 렁

쇼핑 · 물건에 대한 클레임

길이

미터	인치	피트	야드	마일
1	39.37007	3.28084	1.09363	0.000621
0.025399	1	0.08333333	0.027777	0.0000153
0.304794	12.0	1	0.333333	0.000189
0.914383	36.0	3.0	1	0.000568
1609.31	63360.0	5280.0	1760.0	1

무게

그램	캐럿	온스	파운드	톤(미국)
1	5.0	0.035273	0.002204	0.000001
0.20	1	0.007050	0.000440	0.0000002
28.3495	141.747	1	0.06250	0.000031
453.592	2267.96	16.0	1	0.000499
90185.0	4535925.0	32000.0	2000.0	1

넓이

평방미터	평방야드	아르	에이커	평방마일
1	1.19603	0.001	0.000247	0.0000003
0.836097	1	0.0083609	0.000206	0.0000003
100.0	119.603	1	0.024711	0.0000385
4046.71	4840.0	40.4671	1	0.001562
2589883.6	3097600.0	258959.36	640.0	1

온도(섭씨와 화씨)

C(섭씨온도) = [F(화씨온도) − 32] × 5/9

그러므로 화씨온도가 77°F인 경우

섭씨온도 = (77−32) × 5/9 = 25°C가 된다.

PART 8

방문·전화·우편

방문할 때
전화를 이용할 때
우편을 이용할 때

통신·은행에 관한 정보

✈ 국제전화

호텔교환에 신청하거나 국제자동전화를 이용할 수 있다.
국제자동전화 이용할 때는,
 ① 여행국의 국제자동전화 식별번호
 ② 우리나라 국가번호(82)
 ③ 국가내의 지역번호(첫자리 숫자 0은 생략)
 ④ 가입자 번호의 순으로 다이얼을 돌려야 된다.

◇ 국제전화를 싸게 이용하는 법

미국에서 한국에 전화하는 가장 싼 방법은 인천 공항에서 판매하는 국제전화 카드이다. 3만원(?)하는 이 카드를 구입하면 1시간가량 한국에 전화를 할 수 있다. 전화를 하는 방법은 카드에 자세히 설명되어 있다. 요금은 1분당 300원 정도이다.

만약 카드를 사오지 않았다면 한국통신이나 데이콤 교환(한국말을 함)을 통해 한국으로 수신자부담 전화(Collect call)를 하면 된다. 값은 1분당 천원 미만이다. 이 전화는 Collect call 뿐만 아니라 신용카드로 돈을 지불할 수도 있다. 전화번호는 다음과 같다.

* 한국통신-AT&T   1-800-822-8256
* 한국통신-MCI   1-800-288-7358
* 한국통신-Sprint   1-800-326-0082
* 데이콤-AT&T   1-800-815-6732
* 데이콤-MCI   1-800-845-6732
* 데이콤-Sprint   1-800-895-6732

공중전화에서 0번을 누르면 미국 전화국의 교환이 나오는데, 미국의 전화국 교환을 통해 수신자부담 전화(Collect call)를 하면 2배가량 비싸다.

가장 비싼 것은 호텔 방에서 한국으로 직접 전화를 하는 것이다. 요금은 1분당 3천원~5천원 정도이다.

✈ 해외에서 우편을 보낼 때

해외에서 친구나 가족에게 편지를 보내는 것도 해외 여행의 즐거움의 하나이다. 굳이 영어를 쓰지 않아도 우리나라로 보낼 때는 「BY AIRMAIL(SEAMAIL) TO KOREA」 이외는 우리말로 써도 된다.

◇ 공항 우체국을 이용할 때

공항 우체국에서 보내면 빠르고 확실하게 우리나라로 도착한다. 또 호텔 안에 있는 우표자동판매기의 경우는 수수료가 있기 때문에 우표를 많이 살 때는 우체국에 가서 직접 사는 것이 좋다.

✈ 신용카드

신용카드는 현금과 같이 통용된다. 국제적인 신용카드 (Credit Card)로는 아메리칸 익스프레스, 다이너스, 비자, 마스터 카드 등이 있다. 신용카드는 신분 증명용, 렌터카 사용, 호텔 체크인 등에 꼭 필요하므로 1장 정도는 준비해서 가지고 가자. 또 가맹점에서는 현금 대신 사용할 수 있고 현지 화폐로 환전할 필요가 없어서 덜 번거롭다. 숙박료나 고액의 쇼핑 등은 카드로 지불하고, 현금은 소액만 가지고 다니는 것이 안전하다.

✈ 여행자수표 사용방법

수표에는 상단과 하단의 두 곳에 사인란이 있는데, 도난과 분실에 대비해서 구입 즉시 수표 상단에 사인을 하고 수표번호를 별도로 기록해 두는 것이 중요하다. 사용할 때에는 여권을 소지하고 상대방이 보는 앞에서 하단의 사인란에 사인을 한다. 은행이나 환전소에서 언제나 현금과 바꿀 수 있으며 사용한 거스름돈은 언제든지 현금이 된다. 남은 T/C 는 은행에서 원화로 재환전하거나 외화 예금도 가능하다.

UNIT 01 — Travel English

방문할 때

집에 초대받으면 약속 시간보다도 조금 늦게 가는 것이 기본적인 매너입니다. 한국에서 가져온 조그만 물건을 선물로 가져가는 것도 좋을 것입니다. 집안으로 안내받아 들어가서 가구의 취향 등을 칭찬해 주면 즐거워합니다. 또한 질문을 받으면 대답할 수 있도록 자신의 직업이나 한국의 문화에 대해 어느 정도의 단어는 알아두는 것이 좋습니다.

[
(초대에 대한 감사) _____ 고맙습니다.
_____ gomapseumnida

Thanks for _____ .
땡스 훠
]

- 모든 게   modeun ge   **everything**   애브리씽
- 환대해 줘서   hwandaehae jwoseo   **your wonderful hospitality**   유어 원더훌 하스피탤러리
- 초대해 줘서   chodaehae jwoseo   **inviting me**   인봐이팅 미

Q: 초대해 주셔서 고맙습니다.
chodaehae jusyeoseo gomapseumnida
Thanks for inviting me over?
땡스 훠 인바이팅 미 오버

A: 잘 오셨습니다.
jal osyeotseumnida
I'm so glad you could make it.
아임 쏘 글래쥬 쿳 메이킷

✈ 함께 식사하기를 권유할 때

☐ 함께 저녁 식사나 하시겠어요?
hamkke jeonyeok siksana hasigesseoyo

How about having dinner with me?
하우 어바웃 해빙 디너 위드 미

☐ 오늘 밤에 저와 저녁식사를 하시겠어요?
oneul bame jeowa jeonyeoksiksareul hasigesseoyo

Why don't you have dinner with me tonight?
와이 돈츄 해브 디너 위드 미 투나잇

☐ 제가 대접하겠습니다.
jega daejeopagetseumnida

Let me treat you to dinner.
렛 미 트리츄 투 디너

☐ 한 잔 하시겠습니까?
han jan hasigetseumnikka

How about a drink?
하우 어바우러 드링

☐ 언제 시간이 있습니까?
eonje sigani itseumnikka

When do you have free time?
웬 두 유 해브 후리 타임

☐ 당신이 와 주었으면 합니다.
dangsini wa jueosseumyeon hamnida

I'd like to have you come over.
아이드 라잌 투 해뷰 컴 오버

초대에 응하거나 거절할 때

☐ 몇 시가 좋습니까?
myeot siga joseumnikka

What's a good time for you?
왓처 굿 타임 훠 유

☐ 어느 때라도 좋아요.
eoneu ttaerado joayo

It's fine anytime.
잇츠 화인 애니타임

☐ 고맙습니다. 기꺼이 그러죠.
gomapseumnida. gikkeoi geureojyo

Thank you. I'd like to.
땡큐. 아이드 라잌 투

☐ 꼭 거기 가겠습니다.
kkok geogi gagetseumnida

I'll make sure to be there.
아일 메잌 슈어 투 비 데어

☐ 가고 싶지만, 시간이 없습니다.
gago sipjiman, sigani eopseumnida

I want to come, but I have no time.
아이 원 투 컴, 버라이 해브 노 타임

☐ 죄송하지만, 선약이 있습니다.
joesonghajiman, seonyagi itseumnida

Sorry, but I have a previous engagement.
쏘리, 버라이 해버 프리뷔어스 인개이쥐먼

초대받아 방문할 때

❏ 와 주셔서 감사합니다.
　wa jusyeoseo gamsahamnida

　Thank you for coming.
　땡큐 훠 커밍

❏ 약소합니다.
　yaksohamnida

　This is for you.
　디씨즈 훠 유

❏ 요리를 잘 하시는군요!
　yorireul jal hasineungunyo!

　You're a great cook!
　유어러 그레잇 쿡!

❏ 많이 먹었습니다.
　mani meogeotseumnida

　I'm really full.
　아임 리얼리 훌

❏ 화장실 좀 갈 수 있을까요?
　hwajangsil jom gal su isseulkkayo

　May I use the rest room?
　메아이 유즈 더 레슷 룸

❏ 이만 가보겠습니다.
　iman gabogetseumnida

　I must be going now.
　아이 머슷 비 고잉 나우

UNIT 02
전화를 이용할 때

공중전화로 시내전화를 할 때는 동전을 넣고 다이얼을 합니다. 미국의 경우에는 1회에 25센트로 시간제한이 있습니다. 다이얼식 전화는 먼저 다이얼을 돌리고 상대가 나오면 동전을 넣고, 버튼식 전화는 한국과 마찬가지입니다. 전화카드나 전화용 전용코인을 사용하는 경우도 있으며, 시외통화의 경우에는 오퍼레이터에게 번호를 말하고 연결을 기다립니다.

여보세요. _____ 입니까?
yeoboseyo. _____ imnikka

Hello. Is this _____ ?
헬로우. 이즈 디스

☐ ○○호텔　　○○hotel　　　○○Hotel　　○○ 호텔
☐ ○○씨　　　○○ssi　　　　Mr. ○○　　미스터 ○○
☐ ○○양　　　○○yang　　　Ms. ○○　　미즈 ○○
☐ ○○씨댁　　○○ssidaek　　○○'s　　　○○'스

Q : 공중전화 카드는 어디서 사나요?
gongjungjeonhwa kadeuneun eodiseo sanayo
Where can I get a calling card?
웨어 캔아이 게러 콜링 카드

A : 여기서도 팝니다.
yeogiseodo pamnida
We sell them here.
위 셀 뎀 히어

공중전화를 이용할 때

❏ 이 근처에 공중전화는 있습니까?
i geuncheoe gongjungjeonhwaneun itseumnikka

Is there a pay phone around here?
이즈 데어러 페이 훤 어라운 히어

❏ 이 전화로 시외전화를 할 수 있나요?
i jeonhwaro sioejeonhwareul hal su innayo

Can I make a long-distance call from this phone?
캔 아이 메이커 롱 디스턴스 콜 후럼 디스 훤

❏ 이 전화로 한국에 걸 수 있나요?
i jeonhwaro ○○e geol su innayo

Can I make a call to Korea on this phone?
캔 아이 메이커 콜 투 코리어 온 디스 훤

❏ 먼저 동전을 넣으십시오.
meonjeo dongjeoneul neoeusipsio

You put the coins in first.
유 풋 더 코인스 인 퍼슷

❏ 얼마 넣습니까?
eolma neoseumnikka

How much do I put in?
하우 머치 두 아이 푸린

❏ 전화카드를 주세요.
jeonhwakadeureul juseyo

Can I have a telephone card?
캔 아이 해버 텔러폰 카드

전화를 걸 때

☐ 한국으로 전화를 하려면 어떻게 하면 됩니까?
○○euro jeonhwareul haryeomyeon eotteoke Ha-myeon doemnikka

What should I do to call to Korea?
왓 슈다이 두 투 콜 투 코리어

☐ 한국으로 컬렉트콜로 걸고 싶은데요.
○○euro keollekteukollo geolgo sipeundeyo

I need to make a collect call to Korea.
아이 니 투 메이커 컬렉 콜 투 코리어

☐ 뉴욕의 지역번호는 몇 번입니까?
○○ui jiyeokbeonhoneun myeot beonimnikka

What's the area code for New York?
왓츠 디 에어리어 코드 훠 뉴욕

☐ 한국으로 국제전화를 부탁합니다.
hangugeuro gukjejeonhwareul butakamnida

I'd like to make a call to Korea, please.
아이드 라잌 투 메이커 콜 투 코리어, 플리즈

☐ 내선 28번으로 돌려주세요.
naeseon isippalbeoneuro dollyeojuseyo

Extension 28(twenty-eight), please.
익스텐션 트웨니 에잇, 플리즈

☐ 여보세요, 스위스그랜드 호텔이지요?
yeoboseyo, seuwiseugeuraendeu hoterijiyo

Hello, is this the Swiss Grand Hotel?
헬로, 이즈 디스 더 스위스 그랜드 호텔

□ 스미스 씨를 부탁합니다.
　○○ssireul butakamnida

May I speak to Mr. Smith?
메아이 스픽 투 미스터 스미스

□ 여보세요, 존슨씨입니까?
　yeoboseyo, ○○ssiimnikka

Hello. Is this Mr. Johnson?
헬로우. 이즈 디스 미스터 쫜슨

✈ 전화를 받을 때

□ 잠시 기다려 주시겠습니까?
　jamsi gidaryeo jusigetseumnikka

Would you like to hold?
우쥬 라잌 투 홀드

□ 진언을 부탁할 수 있습니까?
　jeoneoneul butakal su itseumnikka

Would you take a message?
우쥬 테이커 메씨쥐

□ 좀더 천천히 말씀해 주십시오.
　jomdeo cheoncheonhi malsseumhae jusipsio

Could you speak a little slower?
쿠쥬 스피커 리틀 슬로워

□ 전화 고마웠습니다.
　jeonhwa gomawotseumnida

Thank you for your call.
땡큐 휘 유어 콜

UNIT 03 — Travel English

우편을 이용할 때

우표는 우체국 이외에 호텔의 프런트나 매점, 자동판매기 등에서 살 수 있습니다. 부치는 것은 호텔의 프런트에 부탁하거나 큰 호텔은 우체통이 있으므로 직접 넣으면 됩니다. 소포는 우체국에서 발송합니다. 한국의 수신재(주소와 이름)는 한국어로 써도 되지만, 반드시 KOREA, 항공편일 경우에는 AIRMAIL이라고 영어로 쓰는 것을 잊지 않도록 합시다.

[
_____ (으)로 부탁합니다.
_____ (eu)ro butakamnida

_____ , please.
                    , 플리즈
]

- ☐ 항공편 hanggongpyeon   By air mail   바이 에어 메일
- ☐ 선편   seonpyeon   By sea mail   바이 씨 메일
- ☐ 속달   sokdal   Express mail   익스프레스 메일
- ☐ 등기   deunggi   Registered mail   레져스터드 메일

Q: 우체통은 어디에 있습니까?
uchetongeun eodie itseumnikka
Where's the mailbox?
웨어즈 더 메일박스

A: 로비에 있습니다.
robie itseumnida
There's one in the lobby.
데어즈 원 인 더 라비

288

우체국에서

□ 가장 가까운 우체국은 어디에 있습니까?
gajang gakkaun uchegugeun eodie itseumnikka

Where is the nearest post office?
웨어리즈 더 니어리슷 포숫 오휘스

□ 우표는 어디서 삽니까?
upyoneun eodiseo samnikka

Where can I buy stamps?
웨어 캔아이 바이 스템스

□ 우체통은 어디에 있나요?
uchetongeun eodie innayo

Where is the mailbox?
웨어리즈 더 메일박스

□ 우체국은 몇 시에 닫습니까?
uchegugeun myeot sie datseumnikka

What time does the post office close?
왓 타임 더즈 더 포숫 오휘스 클로우즈

□ 이걸 한국으로 부치고 싶습니다.
igeol hangugeuro buchigo sipseumnida

I'd like to send this to Korea.
아이드 라잌 투 샌 디스 투 코리어

□ 기념우표를 주세요.
ginyeomupyoreul juseyo

Can I have commemorative stamps?
캔 아이 해브 커메머레이티브 스탬스

✈ 편지를 보낼 때

□ 이걸 한국으로 보내려면 얼마나 듭니까?
igeol hangugeuro bonaeryeomyeon eolmana deumnikka

How much would it cost to send this to Korea?
하우 머치 우딧 코슷 투 샌 디스 투 코리어

□ 속달(등기)로 보내 주세요.
sokdal(deunggi)ro bonae juseyo

Express mail(Registered mail), please.
익스프레스 메일(레저스터드 메일), 플리즈

□ 이 우편 요금은 얼마입니까?
i upyeon yogeumeun eolmaimnikka

How much is the postage for this?
하우 머치즈 더 포우스티쥐 휘 디스

□ 한국에는 언제 쯤 도착합니까?
hangugeneun eonje jjeum dochakamnikka

How long will it take to get to Korea?
하우 롱 윌릿 테익 투 겟 투 코리어

□ 항공편(선편)으로 부탁합니다.
hanggongpyeon(seonpyeon)euro butakamnida

By air mail(sea mail), please.
바이 에어 메일(씨 메일), 플리즈

□ 이거 우편요금이 얼마예요?
igeo upyeonyogeumi eolmayeyo

How much is the postage for this?
하우 머치즈 더 포스테이쥐 훠 디스

✈ 소포를 보낼 때

☐ 이 소포를 한국으로 보내고 싶습니다.
i soporeul hangugeuro bonaego sipseumnida

I'd like to send this parcel to Korea.
아이드 라익 투 샌 디스 파슬 투 코리어

☐ 내용물은 무엇입니까?
naeyongmureun mueosimnikka

What's inside?
왓츠 인사이드

☐ 개인적으로 사용하는 것입니다.
gaeinjeogeuro sayonghaneun geosimnida

My personal items.
마이 퍼스널 아이템즈

☐ 선편으로 며칠 정도면 한국에 도착합니까?
seonpyeoneuro myeochil jeongdomyeon ○○e dochakamnikka

How long will it take by sea mail to Korea?
하우 롱 윌릿 테익 바이 씨 메일 투 코리어

☐ 깨지기 쉬운 것이 들어 있습니다.
kkaejigi swiun geosi deureo itseumnida

This is fragile.
디씨즈 흐래절

☐ 소포를 보험에 들겠어요.
soporeul boheome deulgesseoyo

I'd like to have this parcel insured.
아이드 라익 투 해브 디스 파슬 인슈어드

방문 전화 우편

우편을 이용할 때

미국의 국경일

의외로 생각할지도 모르지만, 미국에는 국경일(national holidays)이 없다. 경축일은 국가(연방정부)에서 정하는 것이 아니라, 각 주에서 특정의 날을 정하고 있다. 미국은 다민족 국가인 관계로 종교도 다양하다. 따라서 종교에 관계되는 경축일 행사는 개별적으로 행하는 것이 일반적이다.

법정휴일(federal legal holidays)

New year's Day	신년 : 1월 1일
Washington's birthday	워싱턴 탄생일 : 2월 셋째 월요일
Memorial Day	전몰장병추도기념일 : 5월의 마지막 월요일
Independence Day	독립기념일 : 7월 4일
Labor Day	노동절 : 9월의 첫 월요일
Veteran's Day	향군의 날 : 10월의 넷째 월요일
Thanksgiving Day	감사절 : 11월 넷째 목요일
Christmas	크리스마스 : 12월 25일

주(州)나 종교에 따라 다른 것

Martin Luther King's Birthday	마틴 루터 킹 탄생일 : 1월 15일 * 사우스캐롤라이나주, 하와이주 등 11개 주 및 흑인 학교에서 쉰다.
Lincoln' Birthday	링컨 탄생일 : 2월 12일 * 남북전쟁의 영향으로 남부에서는 행하지 않는다.
Easter Day	부활절 : 3월 21일 이후에 보름 후의 첫 일요일 * 기독교인의 중요 행사이다.
Halloween Day	할로인 : 1월의 31일 밤 * All Saints' Day(만성절 : 11월 1일)의 전야제이다.

PART 9

트러블

말이 통하지 않을 때
난처할 때
분실·도난을 당했을 때
사고를 당했을 때
몸이 아플 때

여행 트러블에 관한 정보

✈ 아플 때

여행을 떠나기 전에 미리 건강상태를 체크해보는 것이 좋다. 건강한 사람이라도 여행 중에는 환경 변화와 피로로 인해 질병을 얻기 쉬우므로 혹시라도 만성적인 질환을 가지고 있다면 검사를 받아보는 것이 안전하다. 외국에서도 우리와 마찬가지로 의사의 처방전이 없이는 약을 살 수 없는 경우가 많으므로 간단한 상비약품 정도는 준비해두는 것이 좋다. 만성질환이 있는 사람이라면 국내의 의사에게 영어로 된 처방전을 받아서 가지고 가는 게 좋다. 만일의 경우 여행지의 의사에게 보이고 처방전을 받아야 할 일이 생길 수도 있기 때문이다.

✈ 여권을 분실했을 때

1. 가까운 경찰서에서 POLICE REPORT(분실증명 확인서)를 받는다.
2. 현지 공관(한국 영사관)에 가서 다음과 같은 서류를 발급 받는다.

* 사진
* 여권 분실증명서
* 여권번호와 발행 연월일
* 여행증명서(Travel Certificate)
* 입국 증명서(입국 증명이 되지 않으면 출국할 수 없는 경우가 있음)

여행증명서로는 다음 여행이 불가능하며 바로 귀국한다. 계속 여행할 시는 경유지란에 다음 목적지를 명기해 계속 여행할 수 있도록 한다. 이 경우 다음 여행국의 VISA 관련 사항도 확인하여 VISA가 필요할 때는 현지에서 다음 여행국의 VISA를 받을 수 있도록 한다. 여권 분실로 인한 입국 확인(입국 STAMP)을 위해 사전에 또는 공항에서 출국할 때 입국 STAMP를 받을 수 있는지를 확인해야 한다.

✈ 항공권을 분실했을 때

해당 항공사의 현지 사무실로 가서 항공권 분실에 대한 Lost Ticket Reissue를 신청해야 하며, 이때 항공사는 항공권 발권지인 서울 사무실로 전문을 보내 Reissue Authorization을 현지에서 받게 된다. 이때 아래의 사항과 발권 사실을 확인하고 소요되는 기간은 약 1주일 정도이다.

　*항공권 번호　*발권 연월일　*구간

현지에서 항공권을 새로 구입하는 방법도 있으며, 귀국 후에 분실 항공권에 대한 발급확인서를 받고 새로 구입한 항공권의 승객용 티켓과 신분증을 가지고 해당 항공사(본사)에 가면 현금으로 환불 받을 수 있으나 이때 소요되는 기간은 약 3개월 정도이다.

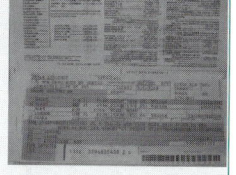

✈ 여행자수표를 분실했을 때

현지 여행자 수표 발행처에 전화하여 분실신고를 하고 절차를 알아보며, 분실증명확인서(Police Report)가 필요한 경우에는 현지 경찰서에 신고하여 받도록 한다. 대개의 경우 REFUND CLAIM 사무소가 각 나라별로 한 도시에 일원화되어 있다.

대개의 경우 분실 경위, 장소, 수표번호 등을 정확히 신고하고 나서 24시간 후에 희망지역의 은행 또는 수표발행처에서 재발급 받을 수 있다.

수표에는 반드시 여행자의 서명이 돼 있어야 하며 정확한 수표번호를 알고 있어야 하므로 여행자 수표 지참 시에는 반드시 서명과 수표번호를 별도로 기재하여 지참하여야 한다.

✈ 수화물을 분실했을 때

공항에서 'BAGGAGE CLAIM'이라고 쓰여 있는 수하물 분실센터에 가서 신고한다. 신고할 때는 가방의 형태, 크기, 색상 등을 자세히 알려 주어야 한다. 짐을 붙이고 나서 받았던 Baggage Claim Tag(짐표, 화물보관증서)을 제시한다. 화물을 반환 받을 투숙 호텔이나 연락처를 기재하며, 다음 여정이 있는 경우에는 여행일정을 알려주고 분실증명서를 받아 화물을 찾지 못했을 경우 보상받기 위해 대비를 해야 한다. 화물을 찾지 못했을 경우에는 화물 운송협약에 의해 보상을 받을 수 있으며, 여행자 보험에 가입했을 경우에는 항공사에서 발행한 분실증명서를 근거로 보상을 받을 수 있다.

UNIT 01 | Travel English
말이 통하지 않을 때

익숙하지 않은 영어로 말하고 있으면, 상대가 하는 말을 알아듣지 못하는 경우가 많습니다. 그 자리의 분위기나 상대에게 신경을 쓴 나머지 자신도 모르게 그만 웃으며 승낙을 하는 경우가 있으므로 결코 알았다는 행동을 취하지 말고 적극적으로 물읍시다. 이야기의 내용을 모를 때는 I don't understand. (모르겠습니다.)라고 분명히 말합시다.

[
나는 _____ 를 모릅니다.
naneun _____ reul moreumnida

I can't speak _____ .
아이 캔 스픽
]

☐ 영어 yeongeo **English** 잉글리쉬
☐ 한국어 hangugeo **Korean** 코리언
☐ 일본어 ilboneo **Japanese** 재퍼니스
☐ 중국어 junggugeo **Chinese** 촤이니즈

Q: 영어를 할 줄 모릅니다.
yeongeoreul hal jul moreumnida
I can't speak English.
아이 캔 스픽 잉글리쉬

A: 그거 난처하군요.
geugeo nancheohagunyo
That might be a problem.
댓 마잇 비 어 프라블럼

✈ 영어의 이해

□ 영어를 할 줄 압니까?
yeongeoreul hal jul amnikka

Do you speak English?
두 유 스픽 잉글리쉬

□ 영어는 할 줄 모릅니다.
yeongeoneun hal jul moreumnida

I can't speak English.
아이 캔 스픽 잉글리쉬

□ 영어는 잘 못합니다.
yeongeoneun jal motamnida

My English isn't very good.
마이 잉글리쉬 이즌 베리 굿

□ 영어는 압니까?
yeongeoneun amnikka

Do you understand English?
두 유 언더스탠드 잉글리쉬

□ 한국어를 하는 사람은 있습니까?
hangugeoreul haneun sarameun itseumnikka

Does anyone speak Korean?
더즈 애니원 스픽 코리언

□ 영어로는 설명할 수 없습니다.
yeongeoroneun seolmyeonghal su eopseumnida

I can't explain it in English.
아이 캔 익스플레이닛 인 잉글리쉬

통역·한국어

☐ 통역을 부탁하고 싶은데요.
tongyeogeul butakago sipeundeyo

I need an interpreter.
아이 니던 인터프리터

☐ 어느 나라 말을 하십니까?
eoneu nara mareul hasimnikka

What language do you speak?
왓 랭귀지 두 유 스픽

☐ 한국어를 하는 사람은 있습니까?
hangugeoreul haneun sarameun itseumnikka

Does anyone speak Korean?
더즈 애니원 스픽 코리언

☐ 한국어로 쓰인 것은 있습니까?
hangugeoro sseuin geoseun itseumnikka?

Do you have any information in Korean?
두 유 해버니 인훠메이션 인 코리언?

☐ 한국어판은 있습니까?
hangugeopaneun itseumnikka

Do you have one in Korean?
두 유 해브 원 인 코리언

☐ 한국어 신문은 있습니까?
hangugeo sinmuneun itseumnikka

Do you have any Korean newspapers?
두 유 해버니 코리언 뉴즈페이퍼스

✈ 영어를 못 알아들을 때

☐ 천천히 말씀해 주시면 알겠습니다.
cheoncheonhi malsseumhae jusimyeon algetseumnida

I'll understand if you speak slowly.
아일 언더스탠드 이휴 스픽 슬로우리

☐ 좀더 천천히 말씀해 주세요.
jomdeo cheoncheonhi malsseumhae juseyo

Speak more slowly, please.
스픽 모어 슬로우리, 플리즈

☐ 당신이 말하는 것을 모르겠습니다.
dangsini malhaneun geoseul moreugetseumnida

I can't understand you.
아이 캔 언더스탠드 유

☐ 그건 무슨 뜻입니까?
geugeon museun tteusimnikka?

What do you mean by that?
왓 두 유 민 바이 댓?

☐ 써 주세요.
sseo juseyo

Write it down, please.
롸이릿 다운, 플리즈

☐ 여기서는 아무도 한국어를 못 합니다.
yeogiseoneun amudo hangugeoreul mot hamnida

No one here speaks Korean, sir.
노 원 히어 스픽스 코리언, 써

말이 통하지 않을 때 — 트러블

UNIT 02 난처할 때

여행지에서 난처한 일이 발생하여 도움을 구하는 필수 표현은 Help me!입니다. 하지만 순식간에 난처한 일이 발생했을 때는 입이 얼어 아무 말도 나오지 않는 법입니다. 트러블은 가급적 피하는 게 좋겠지만, 그렇지 못 할 때를 대비해서 상대를 제지할 수 있는 최소한의 표현은 반드시 기억해둡시다.

_____ 은(는) 어디에 있나요?
_____ eun(neun) eodie innayo

Where's the _____ ?
웨어리즈 더

☐ 화장실	hwajangsil	rest room	레슷 룸
☐ 병원	byeongwon	hospital	하스피럴
☐ 약국	yakguk	drugstore	드럭스토어
☐ 경찰서	gyeongchalseo	police station	펄리스테이션

Q: 어떻게 하면 좋을까요?
eotteoke Ha-myeon joeulkkayo

What should I do?
왓 슈다이 두

A: 도와 드리겠습니다.
dowa deurigetseumnida

Well, let me help you.
웰, 렛 미 핼퓨

난처할 때

☐ 문제가 생겼습니다.
munjega saenggyeotseumnida

I have a problem.
아이 해버 프라블럼

☐ 지금 무척 난처합니다.
jigeum mucheok nancheohamnida

I'm in big trouble now.
아임 인 빅 트러블 나우

☐ 무슨 좋은 방법이 없을까요?
museun joeun bangbeobi eopseulkkayo

Do you have any suggestions?
두 유 해버니 써제스쳔스

☐ 어떻게 하면 좋을까요?
eotteoke Ha-myeon joeulkkayo

What should I do?
왓 슈다이 두

☐ 화장실은 어디죠?
hwajangsireun eodijyo

Where's the rest room?
웨어즈 더 레슷 룸

☐ 어떻게 해 주십시오.
eotteoke hae jusipsio

Do something about this.
두 썸씽 어바웃 디스

✈ 상황이 위급할 때

☐ 무엇을 원하세요?
mueoseul wonhaseyo

What do you want?
왓 두 유 원

☐ 알겠습니다. 다치게만 하지 마세요.
algetseumnida. dachigeman haji maseyo

Okay. Don't hurt me.
오케이 돈 헛 미

☐ 시키는 대로 할게요.
sikineun daero halgeyo

Whatever you say.
와래버 유 쎄이

☐ 누구야?
nuguya

Who are you?
후 아 유

☐ 가진 돈이 없어요!
gajin doni eopseoyo

I don't have any money.
아이 돈 해브 애니 머니

☐ 잠깐! 뭘 하는 겁니까?
jamkkan! mwol haneun geomnikka

Hey! What are you doing?
헤이! 와라유 두잉

- 그만 두세요.
  geuman duseyo

  Stop it!
  스타핏

- 잠깐! 뭐하는 겁니까?
  jamkkan! mwohaneun geomnikka

  Hey! What are you doing?
  헤이! 워라유 두잉

- 만지지 말아요!
  manjiji marayo

  Don't touch me!
  돈 터취 미

- 저리 가! *그냥 좀 내버려 두세요.
  Jeo-ri gayo

  Leave me alone!
  리브 미 얼론

- 다가서지 말아요.
  dagaseoji marayo

  Stay away from me!
  스테이 어웨이 후럼 미

- 경찰을 부르겠다!
  gyeongchareul bureugetda

  I'll call the police!
  아일 콜 더 폴리스

난처할 때

트러블

UNIT 03

Travel English

분실·도난을 당했을 때

여권이나 귀중품을 분실하거나 도난을 당했다면 먼저 호텔의 경비당당이나 경찰에 신고를 하고 도난증명서를 발급받습니다. 이것은 재발행이나 보험을 청구할 때 필요하기 때문입니다. 여권의 발행 연월일, 번호, 발행지 등은 수첩(이 책의 마지막 장)에 메모를 해두고 예비사진 2장도 준비해두는 것이 만약의 경우에 도움이 됩니다.

내 _____ 을(를) 도난당했습니다.
nae _____ eul(reul) donandanghaetseumnida

My _____ was stolen.
마이 _____ 워즈 스톨런

☐ 여권　　　　yeogwon　　　　passport　　　　패스폿
☐ 신용카드　　sinyongkadeu　　credit card　　　크레딧 카드
☐ 여행자수표　yeohaengjasupyo　traveler's check　트레벌러즈 첵
☐ 지갑　　　　jigap　　　　　　wallet　　　　　왈릿

Q: 버스에 물건을 놓고 내렸습니다.
beoseue mulgeoneul noko naeryeotseumnida
I left something on the bus.
아이 랩트 썸씽 온 더 버스

A: 어떤 물건입니까?
eotteon mulgeonimnikka
What is it?
와리즈 잇

✈ 분실했을 때

☐ 분실물 취급소는 어디에 있습니까?
bunsilmul chwigeupsoneun eodie itseumnikka

Where is the lost and found?
웨어리즈 더 로숫 앤 화운드

☐ 무엇을 잃어버렸습니까?
mueoseul ireobeoryeotseumnikka

What did you lose?
왓 디쥬 루즈

☐ 여권을 잃어버렸습니다.
yeogwoneul ireobeoryeotseumnida

I lost my passport.
아이 로숫 마이 패스폿

☐ 열차 안에 지갑을 두고 내렸습니다.
yeolcha ane jigabeul dugo naeryeotseumnida

I left my wallet on the train.
아이 랩트 마이 왈릿 온 더 트레인

☐ 여기서 카메라 못 보셨어요?
yeogiseo kamera mot bosyeosseoyo

Did you see a camera here?
디쥬 씨 어 캐머러 히어

☐ 어디서 잃어버렸는지 기억이 안 납니다.
eodiseo ireobeoryeonneunji gieogi an namnida

I'm not sure where I lost it.
아임 낫 슈어 웨어라이 로스팃

도난당했을 때

❏ 멈춰! 도둑이야!
meomchwo! dodugiya

Stop! Thief!

스탑! 씨흐

❏ 내놔! *돌려줘!
naenwa

Give it back to me!

기븻 백 투 미

❏ 저놈이 내 가방을 뺏어갔어요!
jeonomi nae gabangeul ppaesseogasseoyo

He took my bag!

히 툭 마이 백

❏ 지갑을 도둑맞았어요!
jigabeul dodungmajasseoyo

I had my wallet stolen!

아이 햇 마이 왈럿 스톨런

❏ 지갑을 소매치기 당했어요!
jigabeul somaechigi danghaesseoyo

My wallet was taken by a pickpocket.

마이 왈럿 워즈 테이컨 바이 어 픽파킷

❏ 방에 도둑이 들어왔습니다.
bange dodugi deureowatseumnida

A burglar broke into my room.

어 버글러 브록 인투 마이 룸

✈ 경찰서에서

☐ 경찰서는 어디에 있습니까?
gyeongchalseoneun eodie itseumnikka

Where's the police station?
웨어즈 더 폴리스테이션

☐ 경찰에 신고해 주시겠어요?
gyeongchare singohae jusigesseoyo

Will you report it to the police?
윌 유 리포팃 투 더 폴리스

☐ 누구에게 알리면 됩니까?
nuguege allimyeon doemnikka

Who should I inform to?
후 슈다이 인훰 투

☐ 얼굴은 봤나요?
eolgureun bwannayo

Did you see his face?
디쥬 씨 히즈 훼이스

☐ 경찰에 도난신고서를 내고 싶은데요.
gyeongchare donansingoseoreul naego sipeundeyo

I'd like to report the theft to the police.
아이드 라익 투 리폿 더 쎄흐트 투 더 펄리스

☐ 찾으면 한국으로 보내주시겠어요?
chajeumyeon ○○euro bonaejusigesseoyo

Could you please send it to Korea when you find it?
쿠쥬 플리즈 샌딧 투 코리어 웬 유 화이닛

분실·도난을 당했을 때 — 트러블

UNIT 04 Travel English
사고를 당했을 때

사고가 일어나면 먼저 경찰에게 알립니다. 그리고 보험회사, 렌터카 회사에 연락을 취합니다. 당사자인 경우에는 먼저 I'm Sorry라고 말하면 잘못을 인정하는 꼴이 되어 버립니다. 만일을 위해 해외여행 상해보험은 반드시 들어 둡시다. 보험 청구를 위해서는 사고 증명서를 반드시 받아두어야 합니다.

[
_____ 을(를) 불러 주세요.
_____ eul(reul) bulleo juseyo

Please call _____ .
플리즈 콜
]

- ☐ 경찰   gyeongchal   the police   더 폴리스
- ☐ 구급차   gugeupcha   an ambulance   언 앰뷸런스
- ☐ 의사   uisa   a doctor   어 닥터
- ☐ 안내인   annaein   a guide   어 가이드

Q: 교통사고를 당했습니다.
gyotongsagoreul danghaetseumnida
I was in a car accident.
아이 워진 어 카 액시던

A: 어디서 말입니까?
eodiseo marimnikka
Where did it happen?
웨어 디딧 해펀

308

✈ 교통사고를 당했을 때

☐ 큰일 났습니다.
keunnil natseumnida

It's an emergency.

잇츠 언 이머전시

☐ 교통사고를 당했습니다.
gyotongsagoreul danghaetseumnida

I was in a car accident.

아이 워즈 이너 카 액시던

☐ 친구가 차에 치었습니다.
chinguga chae chieotseumnida

My friend was hit by a car.

마이 흐렌드 워즈 힛 바이 어 카

☐ 구급차를 불러 주세요.
gugeupchareul bulleo juseyo

Please call an ambulance!

플리즈 콜 언 앰블런스

☐ 다친 사람이 있습니다.
dachin sarami itseumnida

There is an injured person here.

데어리즈 언 인줘드 퍼슨 히어

☐ 저를 병원으로 데려가 주시겠어요?
jeoreul byeongwoneuro deryeoga jusigesseoyo

Could you take me to a hospital?

쿠쥬 테익 미 투 어 하스피럴

교통사고·교통위반을 했을 때

❏ 사고를 냈습니다.
sagoreul naetseumnida

I've had an accident.
아이브 해던 액시던

❏ 보험을 들었습니까?
boheomeul deureotseumnikka

Are you insured?
아 유 인슈어드

❏ 속도위반입니다.
sokdowibanimnida

You were speeding.
유 워 스피딩

❏ 제한속도로 달렸는데요.
jehansokdoro dallyeonneundeyo

I was driving within the speed limit.
아이 워즈 드라이빙 위딘 더 스피드 리밋

❏ 렌터카 회사로 연락해 주시겠어요?
renteoka hoesaro yeollakae jusigesseoyo

Would you contact the car rental company?
우쥬 칸택 더 카 렌틀 컴퍼니

❏ 사고증명서를 써 주시겠어요?
sagojeungmyeongseoreul sseo jusigesseoyo

Will I get a police report?
윌 아이 게러 펄리스 리폿

사고경위를 진술할 때

☐ 도로표지판의 뜻을 몰랐습니다.
doropyojipanui tteuseul mollatseumnida

I didn't know what that sign said.
아이 디든 노우 왓 댓 사인 쎄드

☐ 제 책임이 아닙니다.
je chaegimi animnida

I'm not responsible for it.
아임 낫 리스판서블 훠릿

☐ 상황이 잘 기억나지 않습니다.
sanghwangi jal gieongnaji anseumnida

I don't remember what happened.
아이 돈 리멤버 와래픈드

☐ 신호를 무시했습니다.
sinhoreul musihaetseumnida

I ignored a signal.
아이 이그노어더 시그널

☐ 저야말로 피해자입니다.
jeoyamallo pihaejaimnida

I'm the victim.
아임 더 뷕팀

☐ 여행을 계속해도 되겠습니까?
yeohaengeul gyesokaedo doegetseumnikka

Can I continue on my way?
캔 아이 컨티뉴 온 마이 웨이

UNIT 05

몸이 아플 때

여행 중에 몸이 아프면 먼저 묵고 있는 호텔의 프런트에 연락을 취하고 호텔 닥터나 호텔의 지정 의사를 소개받습니다. 호텔 이외의 장소에서 몸이 아픈 경우에는 구급차를 부르게 되는데, 미국 등에서는 유료입니다. 의료비도 비싸므로 출발 전에 해외여행 상해보험에 가입해둡시다. 보험 청구를 위해 치료비의 영수증은 받아두도록 합시다.

(통증을 말할 때) _____ 니다.
_____ nida

I have a _____ .
아이 해버

머리가 아픔	meoriga apeup	headache	헤데익
배가 아픔	baega apeup	stomachache	스터먹에익
목이 아픔	mogi apeup	sore throat	쏘어 쓰로웃
이가 아픔	iga apeup	toothache	투쎄익

Q: 어디가 아프십니까?
eodiga apeusimnikka
Where does it hurt?
웨어 더짓 헛

A: 여기가 아픕니다.
yeogiga apeumnida
Right here.
롸잇 히어

✈ 병원에 갈 때

- 의사를 불러 주세요.
  uisareul bulleo juseyo

  Please call a doctor.
  플리즈 콜 어 닥터

- 의사에게 진찰을 받고 싶은데요.
  uisaege jinchareul batgo sipeundeyo

  I'm here for a doctor's examination.
  아임 히어 훠러 닥터스 익재머네이션

- 병원으로 데리고 가 주시겠어요?
  byeongwoneuro derigo ga jusigesseoyo

  Could you take me to a hospital?
  쿠쥬 테익 미 투 어 하스피럴

- 진료 예약은 필요합니까?
  jillyo yeyageun piryohamnikka

  Do I need an appointment to see a doctor?
  두 아이 니드 언 어포인먼 투 씨 어 닥터

- 진료 예약을 하고 싶은데요.
  jillyo yeyageul hago sipeundeyo.

  Can I make an appointment?
  캔 아이 메이컨 어포인먼

- 한국어를 아는 의사는 있나요?
  yeongeoreul aneun uisaneun innayo

  Is there a Korean-speaking doctor?
  이즈 데어러 코리언-스피킹 닥터

몸에 이상이 있을 때

□ 몸이 안 좋습니다.
momi an joseumnida

I don't feel well.
아이 돈 휠 웰

□ 아이 상태가 이상합니다.
ai sangtaega isanghamnida

Something's wrong with my child.
썸씽스 롱 윗 마이 촤일드

□ 몸이 나른합니다.
momi nareunhamnida

I feel weak.
아이 휠 웍

□ 현기증이 납니다.
hyeongijeungi namnida

I feel dizzy.
아이 휠 디지

□ 식욕이 없습니다.
sigyogi eopseumnida

I don't have an appetite.
아이 돈 해번 애피타잇

□ 구역질이 납니다.
guyeokjiri namnida.

I feel nauseated
아이 휠 너지에이티드

✈ 증상을 설명할 때

☐ 감기에 걸렸습니다.
gamgie geollyeotseumnida

I have a cold.
아이 해버 콜드

☐ 감기에 걸린 것 같습니다.
gamgie geollin geot gatseumnida

I think I have a cold.
아이 씽카이 해버 콜드

☐ 설사가 심합니다.
seolsaga simhamnida

I have bad diarrhea.
아이 해브 뱃 다이어리어

☐ 열이 있습니다.
yeori itseumnida

I have a fever.
아이 해버 휘버

☐ 이건 한국 의사가 쓴 것입니다.
igeon ○○ uisaga sseun geosimnida

This is from my doctor in Korea.
디씨즈 흐럼 마이 닥터 인 코리어

☐ 여기가 아픕니다.
yeogiga apeumnida

I have a pain here.
아이 해버 페인 히어

- 잠이 오지 않습니다.
  jami oji anseumnida

  I can't sleep.
  아이 캔 슬립

- 구토를 합니다.
  gutoreul hamnida

  I feel nauseous.
  아이 휠 너셔스

- 변비가 있습니다.
  byeonbiga itseumnida

  I am constipated.
  아임 칸스터페이팃

- 기침이 납니다.
  gichimi namnida

  I have a cough.
  아이 해버 커흐

- 어제부터입니다.
  eojebuteoimnida

  Since yesterday.
  씬스 예스터데이

- 다쳤습니다.
  dacheotseumnida

  I've injured myself.
  아이브 인쥬어드 마이셀프

✈ 진료를 마치면서

☐ 많이 좋아졌습니다.
mani joajeotseumnida

I feel much better now.
아이 휠 머치 배러 나우

☐ 진단서를 써 주시겠어요?
jindanseoreul sseo jusigesseoyo

Would you give me a medical certificate?
우쥬 기브 미 어 메디컬 써티훠킷

☐ 며칠 정도 안정이 필요합니까?
myeochil jeongdo anjeongi piryohamnikka

How long do I have to stay in bed?
하우 롱 두 아이 해브 투 스테이 인 배드

☐ 예정대로 여행을 해도 괜찮겠습니까?
yejeongdaero yeohaengeul haedo gwaenchanketseumnikka

Can I travel as scheduled?
캔 아이 트래벌 애즈 스케쥴드

☐ (약국에서) 이 처방전 약을 주세요.
i cheobangjeon yageul juseyo.

Fill this prescription, please.
휠 디스 프리스크립션, 플리즈.

☐ 이 약은 어떻게 먹습니까?
i yageun eotteoke meokseumnikka

How do I take this medicine?
하우 두 아이 테익 디스 메더슨

몸이 아플 때 트러블

흔히 볼 수 있는 약어

Sun.	Sunday	일요일
Mon.	Monday	월요일
Tues./Tu.	Tuesday	화요일
Wed	Wednesday	수요일
Thur./Thurs.	Thursday	목요일
Fri.	Friday	금요일
Sat.	Saturday	토요일
Jan.	January	1월
Feb.	February	2월
Mar.	March	3월
Apr.	April	4월
May	—	5월
Jun.	June	6월
Jul.	July	7월
Aug.	August	8월
Sep./Sept	September	9월
Oct.	October	10월
Nov.	November	11월
Dec.	December	12월
add.	address	주소
Co	Company	회사
Dr.	Doctor	의사, 박사
LK	Lake	호수
Mt.	Mount	산
Sig./sig.	signature	서명

PART 10

귀국

예약변경 · 예약 재확인

탑승과 출국

Travel Information
귀국에 관한 정보

✈ 짐 정리

출발하기 전에 맡길 짐과 기내로 갖고 들어갈 짐을 나누어 꾸리고 토산품과 구입한 물건의 품명과 금액 등에 대한 목록을 만들어 두면 좋다.

✈ 예약재확인

귀국할 날이 정해지면 미리 좌석을 예약해두어야 한다. 또 예약을 해 두었을 경우에는 출발 예정 시간의 72시간 이전에 예약 재확인을 해야 한다. 이것은 항공사의 사무소나 공항 카운터에 가든지 아니면 전화로 이름, 연락 전화 번호, 편명, 행선지를 말하면 된다. 재확인을 안 하면 예약이 취소되는 경우도 있으므로 주의해야 한다.

✈ 체크인

귀국 당일은 출발 2시간 전까지 공항에 미리 나가서 체크인을 마쳐야 한다. 출국절차는 매우 간단하다. 터미널 항공사 카운터에 가서 여권, 항공권, 출입국카드(입국시 여권에 붙여 놓았던 것)를 제시하면 직원이 출국카드를 떼어 내고 비행기의 탑승권을 준다. 동시에 화물편으로 맡길 짐도 체크인하면 화물 인환증을 함께 주므로 잘 보관해야 한다. 항공권에 공항세가 포함되지 않았을 경우에는 출국 공항세를 지불해야 하는 곳도 있다. 그 뒤는 보안검사, 수화물 X선 검사를 받고 탑승권에 지정되어 있는 탑승구로 가면 된다. 면세품을 사려면 출발 로비의 면세점에서 탑승권을 제시하고 사면 된다.

✈ 인천국제공항 입국안내

도착 여객은 기내에서 배부해 주는 검역 설문지를 작성한다. 도착 중간층인 지상 2층에 위치한 도착 복도를 지나 검역(동·식물 검역포함)을 받은 후,

내국인은 내국인 전용, 외국인은 외국인 전용 입국심사 데스크를 이용하여 입국심사(여권, 입국신고서, 항공권 제출)를 한다. 도착 보안검색의 절차를 거쳐 10개의 수직코아를 이용해 도착 층인 지상 1층의 수하물 수취지역으로 이동하여 수하물을 찾은 후, 세관검사를 거쳐 환영홀로 나가게 된다.

✈ 귀국시 면세허용

◇ 면세통로
 해외나 국내 면세점에서 구입하여 반입하는 물품 총액이 30만원 이하
 주류 1병(1리터 이하), 담배 1보루(200개비) ; 단 20세 미망은 제외
 향수 2온스 이하

◇ 신고 검사대
 _면세통과 해당 이외의 물품을 소지한 자
 _통관불허 품목
  휴대폰, 휴대용 송수신기
  일제 비디오카메라, 일제 디코더(암호해독기)
  마약, 위폐, 풍속을 해치는 서적이나 음반 등

UNIT 01

Travel English

예약변경 · 예약 재확인

귀국하는 날짜가 다가오면 비행기 예약을 합니다. 한국에서 떠날 때 예약해둔 경우에는 미리 전화나 시내의 항공회사 영업소에서 반드시 예약 재확인(reconfirm)을 해두어야 합니다. 공항에는 여유를 가지고 출발 2시간 전에 도착하는 것이 좋습니다.

___ 편으로 변경하고 싶은데요.

___ pyeoneuro byeongyeonghago sipeundeyo

I'd like to change it to ___ flight.

아이드 라익 투 췌인짓 투 플라잇

□ 오전	ojeon	morning	모닝
□ 오후	ohu	afternoon	앱터눈
□ 내일	naeil	tomorrow	터머로우
□ 10월 9일	siwol guil	October 9th	악토버 나인스

Q: 예약 재확인을 부탁합니다.

yeyak jaehwagineul butakamnida

I would like to make a reconfirmation for my flight.

아이 웃 라익 투 메이커 리칸휘메이션 훠 마이 훌라잇

A: 항공권은 가지고 계십니까?

hanggonggwoneun gajigo gyesimnikka

Do you have a ticket?

두 유 해버 티킷

✈ 귀국편 예약

□ 여보세요. 유나이티드 항공입니까?
yeoboseyo. ○○hanggongimnikka

Hello. Is this United Airlines?
헬로우. 이즈 디스 유나이팃 에어라인스

□ 인천행을 예약하고 싶은데요.
○○haengeul yeyakago sipeundeyo

I'd like to reserve a seat for Incheon?
아이드 라잌 투 리저버 씻 휘 인천

□ 내일 비행기는 예약이 됩니까?
naeil bihaenggineun yeyagi doemnikka

Can you book us on tomorrow's flight?
캔 유 부커스 온 터머로우즈 흘라잇

□ 다른 비행기는 없습니까?
dareun bihaenggineun eopseumnikka

Do you have any other flights?
두 유 해버니 아더 흘라잇츠

□ 편명과 출발 시간을 알려 주십시오.
pyeonmyeonggwa chulbal siganeul allyeo jusipsio

What is the flight number and departure time?
와리즈 더 흘라잇 넘버 앤 디파춰 타임

□ 몇 시까지 탑승수속을 하면 됩니까?
myeot sikkaji tapseungsusogeul Ha-myeon doemnikka

By what time should we check in?
바이 왓 타임 슈드 위 체킨

예약변경 · 예약재확인

귀국

✈ 예약 재확인

□ 예약을 재확인하고 싶은데요.
yeyageul jaehwaginhago sipeundeyo

I'd like to reconfirm my flight.
아이드 라잌 투 리컨훰 마이 흘라잇

□ 성함과 편명을 말씀하십시오.
seonghamgwa pyeonmyeongeul malsseumhasipsio

Your name and flight number, please.
유어 네임 앤 흘라잇 넘버, 플리즈

□ 무슨 편 몇 시발입니까?
museun pyeon myeot sibarimnikka

What's the flight number and the departure time?
왓츠 더 흘라잇 넘버 앤 더 디파춰 타임

□ 분명히 예약했는데요.
bunmyeonghi yeyakaenneundeyo

I definitely made a reservation.
아이 데휘니틀리 메이더 레저붸이션

□ 한국에서 예약했는데요.
hangugeseo yeyakaenneundeyo

I reserved my flight in Korea.
아이 리저브드 마이 흘라잇 인 코리아

□ 즉시 확인해 주십시오.
jeuksi hwaginhae jusipsio

Please check on it right away.
플리즈 체커닛 롸잇 어웨이

✈ 예약의 변경과 취소를 할 때

☐ 비행편을 변경할 수 있습니까?
bihaengpyeoneul byeongyeonghal su itseumnikka

Can I change my flight?
캔 아이 췌인지 마이 흘라잇

☐ 어떻게 변경하고 싶습니까?
eotteoke byeongyeonghago sipseumnikka

How do you want to change your flight?
하우 두 유 원 투 체인쥐 유어 흘라잇

☐ 10월 9일로 변경하고 싶습니다.
siwol guillo byeongyeonghago sipseumnida

I'd like to change it to October 9th(ninth).
아이드 라잌 투 췌인짓 투 악토버 나인스

☐ 예약을 취소하고 싶은데요.
yeyageul chwisohago sipeundeyo

I'd like to cancel my reservation.
아이드 라잌 투 캔슬 마이 레저붸이션

☐ 다른 항공사 비행기를 확인해 주세요.
dareun hanggongsa bihaenggireul hwaginhae juseyo

Please check other airlines.
플리즈 첵 아더 에어라인스

☐ 해약 대기로 부탁할 수 있습니까?
haeyak daegiro butakal su itseumnikka

Can you put me on the waiting list?
캔 유 풋 미 온 더 웨이팅 리숫

예약변경 · 예약재확인 귀국

UNIT 02 — Travel English

탑승과 출국

공항에서는 2시간 전에 체크인하는 것이 바람직합니다. 만일에 문제가 발생했더라도 여유를 가지고 대처할 수 있습니다. 또한 짐이 늘어난 경우에는 초과요금을 지불해야 합니다. 가능하면 초과되지 않는 범위 내에서 짐을 기내로 가지고 가도록 하여, 시간적 여유가 있을 때 사지 못한 선물이 있다면 면세점에서 구입하면 됩니다.

[(공항에서) _____는 어디입니까?
_____ neun eodiimnikka

Where is the _____
웨어리즈 더]

- 대한항공 카운터   Korean Air counter   코리언 에어 카운터
- 아시아나항공 카운터   Asiana Airline counter   애쥐애너 에어라인즈 카운터
- 출발로비   chulballobi   departure lobby   디파춰 라비
- 탑승구   tapseunggu   boarding gate   보딩 게잇

Q : 탑승권을 보여 주십시오.
tapseunggwoneul boyeo jusipsio

May I have your ticket?
메아이 해뷰어 티킷

A : 네, 여기 있습니다.
ne, yeogi itseumnida

Yes, here it is.
예스, 히어리디즈

✈ 공항으로 갈 때

□ 공항까지 가 주세요.
gonghangkkaji ga juseyo

Take me to the airport, please.

테익 미 투 더 에어폿, 플리즈

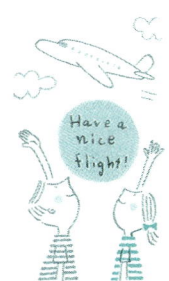

□ 짐은 몇 개입니까?
jimeun myeot gaeimnikka

How many pieces baggage?

하우 메니 피스이즈 배기쥐

□ 공항까지 어느 정도 걸립니까?
gonghangkkaji eoneu jeongdo geollimnikka

How long will it take to get to the airport?

하우 롱 윌릿 테익 투 겟 투 디 에어폿

□ 공항까지 대략 얼마 나옵니까?
gonghangkkaji daeryak eolma naomnikka

What is the approximate fare to the airport?

와리즈 더 어프락써메잇 페어 투 디 에어폿

□ 빨리 가 주세요. 지금 늦었습니다.
ppalli ga juseyo. jigeum neujeotseumnida

Please hurry. I'm late, I am afraid.

플리즈 허리. 아임 레잇, 아이 엠 어프레잇

□ 어느 항공사입니까?
eoneu hanggongsaimnikka

Which airlines?

휘치 에어라인즈?

탑승과 출국

귀국

✈ 물건을 두고 출발했을 때

❏ 기사님, 호텔로 다시 가 주시겠어요?
gisanim, hotello dasi ga jusigesseoyo

Driver, Would you go back to the hotel.
드라이버, 우쥬 고 백 투 더 호텔

❏ 카메라를 호텔에 두고 왔습니다.
kamerareul hotere dugo watseumnida

I left my camera in the hotel.
아이 랩트 마이 캐머러 인 더 호텔

❏ 중요한 것을 두고 왔습니다.
jungyohan geoseul dugo watseumnida

I left something very important there.
아이 랩트 썸씽 붸리 임포턴 데어

❏ 어디에 두었는지 기억합니까?
eodie dueonneunji gieokamnikka?

Do you remember where you left it?
두 유 리멤버 웨어류 랩팃

❏ 서랍에 넣어 두었습니다.
seorabe neoeo dueotseumnida

I put it in the drawer.
아이 푸릿 인 더 드로어

❏ 호텔에 전화를 해야겠군요.
hotere jeonhwareul haeyagetgunyo

You should call the hotel.
유 슛 콜 더 호텔

✈ 탑승수속을 할 때

☐ 탑승수속은 어디서 합니까?
tapseungsusogeun eodiseo hamnikka

Where do I check in?
웨어 두 아이 책인

☐ 대한항공 카운터는 어디입니까?
○○kaunteoneun eodiimnikka

Where's the Korean Air counter?
웨어즈 더 코리언 에어 카운터

☐ 공항세는 있습니까?
gonghangseneun itseumnikka

Is there an airport tax?
이즈 데어런 에어폿 택스

☐ 앞쪽 자리가 좋겠는데요.
apjjok jariga jokenneundeyo

I'd prefer a seat at the front of the plane.
아이드 프리훠러 씻 앳 더 흐런텁 더 플레인

☐ 통로석(창가석)으로 주세요.
tongnoseok(changgaseok)euro juseyo

An aisle seat(A window seat), please.
언 아일 씻(어 윈도우 씻), 플리즈

☐ 친구와 같은 좌석으로 주세요.
chinguwa gateun jwaseogeuro juseyo

I'd like to sit with my friend.
아이드 라잌 투 싯 위드 마이 프렌드

탑승과 출국 귀국

✈ 수화물을 체크할 때

☐ **맡기실 짐은 있으십니까?**
matgisil jimeun isseusimnikka

Any baggage to check?
애니 배기쥐 투 첵

☐ **맡길 짐은 없습니다.**
matgil jimeun eopseumnida

I have no baggage to check.
아이 해브 노 배기쥐 투 첵

☐ **그 가방은 맡기시겠습니까?**
geu gabangeun matgisigetseumnikka

Are you going to check that bag?
아 유 고잉 투 첵 댓 백

☐ **이 가방은 기내로 가지고 들어갑니다.**
i gabangeun ginaero gajigo deureogamnida

This is a carry-on bag.
디씨저 캐리온 백

☐ **다른 맡기실 짐은 없습니까?**
dareun matgisil jimeun eopseumnikka

Do you have any other baggage to check?
두 유 해버니 어더 배기쥐 투 백

☐ **(짐은) 그것뿐입니다.**
geugeotppunimnida

That's all the baggage I have.
댓츠 올 더 배기쥐 아이 해브

✈ 탑승안내

☐ (탑승권을 보이며) 몇 번 게이트입니까?
myeot beon geiteuimnikka

What gate is it?
왓 게잇 이짓

☐ 3번 게이트는 어느 쪽입니까?
sambeon geiteuneun eoneu jjogimnikka

Which way is Gate 3(three)?
위치 웨이즈 게잇 쓰리

☐ 인천행 탑승 게이트는 여기입니까?
○○haeng tapseung geiteuneun yeogiimnikka

Is this the gate for Incheon?
이즈 디스 더 게잇 훠 인천

☐ 왜 출발이 늦는 겁니까?
wae chulbari neunneun geomnikka

Why is the flight delayed?
와이 이즈 더 흘라잇 딜레잇

☐ 탑승은 시작되었습니까?
tapseungeun sijakdoeeotseumnikka

Has boarding started yet?
해즈 보딩 스타팃 옛

☐ 방금 인천행 비행기를 놓쳤는데요.
banggeum incheonhaeng bihaenggireul notcheonneundeyo

We just missed the flight to Incheon.
위 저슷 미슷 더 흘라잇 투 인천

탑승과 출국 귀국

333

✈ 공항면세점에서

☐ 면세점은 어디에 있습니까?
myeonsejeomeun eodie itseumnikka

Where is the duty-free shop?
웨어리즈 더 듀티-흐리 샵

☐ 면세로 살 수 있나요?
myeonsero sal su innayo

Can I get it tax-free?
캔 아이 게릿 텍스-흐리

☐ 시바스리갈 3병 주세요.
sibaseurigal se byeong juseyo

I'd like three Chivas Regal
아이드 라익 쓰리 시바스 리갈

☐ 탑승권을 보여 주십시오.
tapseunggwoneul boyeo jusipsio

Show me your boarding card, please.
쇼우 미 유어 보딩 카드, 플리즈

☐ 한국 돈도 받나요?
hanguk dondo bannayo

Is it possible to pay in Korean won?
이짓 파써블 투 페이 인 코리언 원

☐ 여기서 수취할 수 있나요?
yeogiseo suchwihal su innayo

Can I get this here?
캔 아이 겟 디쓰 히어

✈ 귀국 비행기 안에서

☐ 입국신고서는 가지고 계십니까?
ipguksingoseoneun gajigo gyesimnikka

Do you have an immigration card?
두 유 해번 이머그레이션 카드

☐ 이것이 세관신고서입니다.
igeosi segwansingoseoimnida

This is the customs declaration form.
디씨즈 더 커스텀즈 데클러레이션 훰

☐ 입국카드 작성법을 잘 모르겠습니다.
ipgukkadeu jakseongbeobeul jal moreugetseumnida

I'm not sure how to fill out the immigration card.
아임 낫 슈어 하우 투 필 아웃 더 이머그레이션 카드

☐ 입국카드 작성법을 가르쳐 주시겠어요?
ipgukkadeu jakseongbeobeul gareucheo jusigesseoyo

Could you explain how to fill out the immigration card to me?
쿠쥬 익스플레인 하우 투 필 아웃 더 이머그레이션 카드 투 미

☐ 인천에는 언제 도착합니까?
incheoneneun eonje dochakamnikka

When do we land in Incheon?
웬 두 위 랜드 인 인천

☐ 제 시간에 도착합니까?
je sigane dochakamnikka

Are we arriving on time?
아위 어라이빙 온 타임

✱ 여행자 필수메모

성 명
Name

생년월일
Date of Birth

국 적
Nationality

호 텔
Hotel

여권번호
Passport No.

비자번호
Visa No.

항공기편명
Flight Name

항공권번호
Air Ticket No.

신용카드번호
Credit Card No.

여행자수표번호
Traveler's Check No.

출발지
Departed from

목적지
Destination